Bibliografische Information der Deutschen Nationalbibliothek:
Die Deutsche Nationalbibliothek verzeichnet diese Publikation
in der Deutschen Nationalbibliografie; detaillierte bibliografische Daten sind im Internet über www.dnb.de abrufbar.

© 2016 Bernd Brümmer
Erschienen im Bernd Brümmer Verlag, Wertheim
www.bbmusic.de, verlag@bbmusic.de
Alle Rechte vorbehalten

Fotos: Ralf Tschöp, www.studio-tschoep.de
Foto S. 4: Manfred Pollert, www.pollert.de
Musikbeispiele: Bernd Brümmer
„Für Elise": Ludwig van Beethoven

Herstellung: BoD – Books on Demand GmbH, Norderstedt

ISBN 978-3-940334-06-0

Bernd Brümmer

GITARRE SPIELEN KNOW-HOW

Bernd Brümmer ist Gitarrist, Bandleader, Dozent und Erfolgsautor.

INTRO

GITARRE SPIELEN KNOW-HOW bringt Klarheit in das Thema Gitarre spielen. Alle wichtigen Bereiche des Akustik- und E-Gitarrespiels werden verständlich erklärt und durch Fotos und Musikbeispiele plus Audio/-Video im Internet veranschaulicht. Fragen, die sich einem Anfänger oder etwas Fortgeschrittenen stellen, finden hier kurz und bündig Antwort.

Know-how („gewusst wie") meint Wissen, das sich aus der Praxis speist. So fließen in dieses Buch meine langjährigen Erfahrungen aus Gitarrenunterricht, Workshops und als Gitarrist ein. In Teil I geht es um die Gitarre an sich, um Funktionsweise, Saiten, Stimmen und Pflege. Teil II widmet sich den Notationsarten und musikalischen Grundbegriffen. Das Spielen in seinen vielfältigen Aspekten wird in Teil III erläutert wie zum Beispiel das Anschlagen und Zupfen, Plektrumspiel, gitarrentypische Spieltechniken, der Einsatz des Kapodasters und vieles mehr. Teil IV schließlich bietet Übersichten zu den wichtigsten Akkordgriffen, Schlagmustern und Zupfmustern. Ein Stichwort-Index rundet das Buch ab.

Ich wünsche dir viele Aha-Erlebnisse, viel Spaß und Erfolg beim Gitarrespielen!

Bernd Brümmer

 Musikbeispiele, die mit diesem Zeichen markiert sind, stehen zusätzlich als Audio/Video bereit unter: **www.bbmusic.de/gitarre-spielen-know-how/**

INHALT

Intro　　　　　　　　　　　　　　　　　　　　5

Teil I **DIE GITARRE**

1. Die Akustikgitarre　　　　　　　　　　　　10
2. Die E-Gitarre　　　　　　　　　　　　　　13
3. So funktioniert die Gitarre　　　　　　　　16
4. Das Stimmen　　　　　　　　　　　　　　17
5. Die Saiten　　　　　　　　　　　　　　　20
6. Pflege der Gitarre　　　　　　　　　　　　23

Teil II **NOTATION**

7. Die Standardnotation　　　　　　　　　　26
8. Die Tabulatur　　　　　　　　　　　　　　27
9. Standardnotation & Tabulatur　　　　　　28
10. Die Text-Tabulatur　　　　　　　　　　　29
11. Takt　　　　　　　　　　　　　　　　　30
12. Tempo　　　　　　　　　　　　　　　　31
13. Akkord und Akkordsymbol　　　　　　　32

Teil III **GITARRE SPIELEN**

14. Western- und E-Gitarre spielen　　　　　34
15. Konzertgitarre spielen　　　　　　　　　36
16. Die Greifhand und das Greifen　　　　　37
17. Die Schlaghand　　　　　　　　　　　　39

18. Anschlagen mit dem Daumen	40
19. Akkorde mit den Fingern anschlagen	42
20. Anschlagen mit dem Plektrum	44
21. Zupfen: Das Fingerpicking	48
22. Zupfen: Die klassische Spielweise	50
23. Das Abdämpfen der Saiten	54
24. Typische Spieltechniken	57
25. Spielen mit Kapodaster	63
26. Der Lernerfolg	68

Teil IV ÜBERSICHTEN

27. Das Griffdiagramm	72
28. Die wichtigsten Akkordgriffe	74
29. Die wichtigsten Schlagmuster	78
30. Die wichtigsten Zupfmuster	82
31. Die Stammtöne auf dem Griffbrett	91
32. Bedeutende Stücke für Gitarre	92
33. Empfehlenswerte Bücher und Medien	97
34. Index	98

Teil I DIE GITARRE

1. DIE AKUSTIKGITARRE

Bezeichnungen an der Akustikgitarre

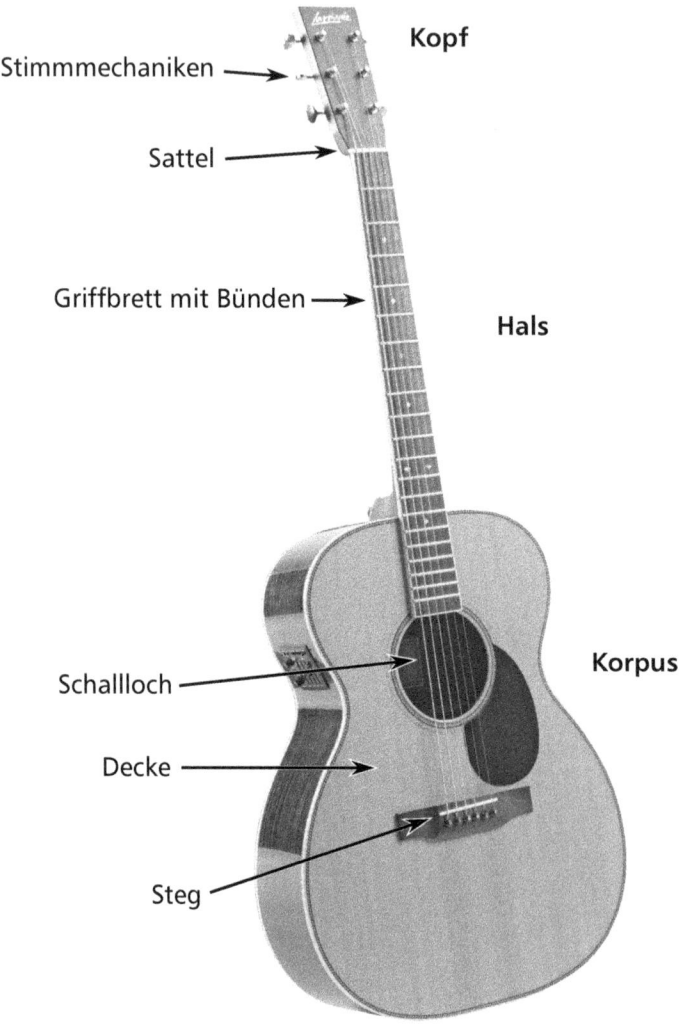

Westerngitarre mit Cutaway ① und eingebautem Tonabnehmersystem mit Reglereinheit ②

Konzertgitarre (Klassische Gitarre)

Eine Westerngitarre ist mit Stahlsaiten bespannt, weshalb sie auch Stahlsaitengitarre (engl. Steelstring) genannt wird. Die Halsbreite gemessen am Sattel beträgt typischerweise zwischen 42 und 46 mm. **Cutaway** (engl. weggeschnitten) bedeutet, ein Stück der ursprünglichen Korpusform wurde ausgespart, damit die Greifhand die hohen Lagen des Griffbretts besser ereichen kann.

Die Konzertgitarre wird auch als klassische Gitarre bezeichnet. Sie ist mit Nylonsaiten bespannt und klingt dadurch etwas dunkler und weniger brilliant als die Westerngitarre. Die Halsbreite am Sattel misst etwa 52 mm. Auch Konzertgitarren können mit Cutaway und Tonabnehmersystem ausgestattet sein.

Das wichtigste Zubehör für die Akustikgitarre

- Gitarrengurt
- Stimmgerät (abgebildet: anklemmbares Stimmgerät)
- Kapodaster
- Plektren
- Gitarrenständer
- Gitarrentasche oder Gitarrenkoffer

Gute Akustikgitarren-Sets findest du unter
www.gitarrespielen.net/kaufempfehlung/

2. DIE E-GITARRE

Bezeichnungen an der E-Gitarre

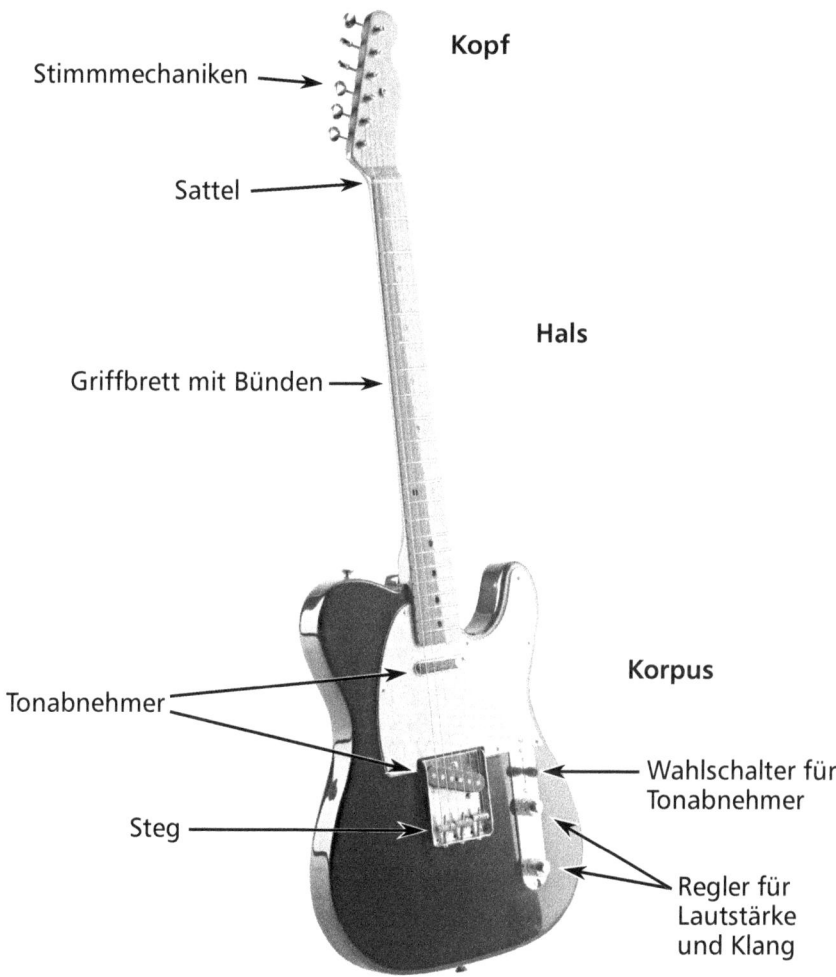

Bei E-Gitarren gibt es eine riesige Auswahl an **Formen und Ausführungen**. Die wichtigsten Merkmale sind:
- Anzahl der Cutaways: ein oder zwei
- **Art des Griffbretts**: Palisander oder Rosenholz (dunkel, geölt, siehe Foto) oder Ahorn (hell, lackiert – siehe vorherige Seite)
- **Mensur** (Länge von Sattel bis zum Steg), zum Beispiel: kurz 24,75 inch (62,9 cm) oder lang 25,5 inch (64,8 cm)
- Anzahl der Tonabnehmer (engl. **Pickup**)
- Typ der Tonabnehmer: **Single Coil** (eine Magnetspule) oder **Humbucker** (zwei Magnetspulen, die so verschaltet sind, dass Brummeinstreuungen unterdrückt werden)
- Feste Stegkonstruktion (siehe Foto) oder beweglich mit sogenanntem **Vibratohebel** (engl. Whammybar)

Der Klang der E-Gitarre hängt zunächst von ihrer Konstruktion und den verwendeten Materialien und Komponenten ab. Aber den Gesamtsound prägt die beteiligte Elektronik: der Tonabnehmer, der die Saitenschwingung in ein elektrisches Signal umwandelt, der Verstärker und der Lautsprecher, die den Ton laut hörbar machen. Zusätzlich bieten Effektgeräte und Pedale unendliche Möglichkeiten, den Sound von leicht bis extrem zu verändern. Alles, was den Klang irgendwie formen kann, wird von E-Gitarristen kreativ genutzt.

Das wichtigste Zubehör für die E-Gitarre

- Verstärker (engl. Amplifier, kurz Amp). Im Foto ist ein Combo zu sehen, ein Verstärker mit eingebautem Lautsprecher (engl. Speaker).
- Gitarrengurt
- Gitarrenkabel
- Stimmgerät (engl. Tuner, abgebildet: anklemmbares Stimmgerät)
- Plektren (engl. Picks)
- Kapodaster
- Gitarrenständer
- Gitarrenkoffer oder Gitarrentasche

Gute E-Gitarren-Sets findest du unter
www.gitarrespielen.net/kaufempfehlung/

3. SO FUNKTIONIERT DIE GITARRE

Eine gespannte Saite kann schwingen

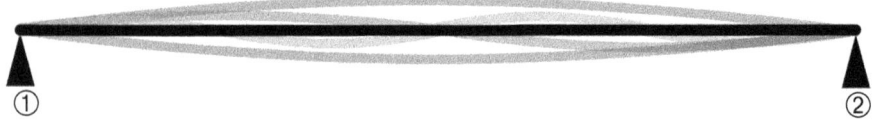

Das Prinzip: Eine Saite wird über zwei Auflagepunkte gespannt. An der Gitarre nennt man den einen Punkt den **Sattel** ① und den anderen den **Steg** ②. Zupft man die Saite an, beginnt sie zu schwingen. Unser Ohr hört die Schwingung und das nennt man einen **Ton**.

Der Ton wird höher

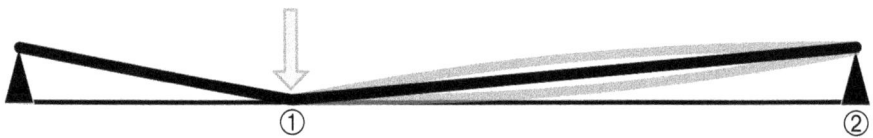

Wenn man die Saite stärker spannt, wird der Ton höher (siehe DAS STIMMEN). Das ist auch der Fall, wenn man die Saite verkürzt, indem man sie auf das Griffbrett drückt ①. Anstelle des Sattels wird das nächstgelegene Bundstäbchen zum neuen Auflagepunkt. Das nennt man **eine Saite greifen** (siehe DIE GREIFHAND UND DAS GREIFEN).

Schwingungen werden in der Einheit Hertz (Hz) gemessen: 1 Hz = 1 Schwingung pro Minute. Das Ohr des Menschen kann Töne im Bereich von 20 Hz bis 20.000 Hz hören. Die tiefe E-Saite der Gitarre erzeugt eine Frequenz von ca. 82 Hz, die hohe E-Saite von etwa 330 Hz. Der Kammerton a' mit 440 Hz befindet sich auf der hohen E-Saite am fünften Bund.

Die Lautstärke einer schwingenden Saite wäre an sich relativ leise. Die Konstruktion der Gitarre und gegebenenfalls Tonabnehmer und Verstärker machen den Ton laut hörbar.

4. DAS STIMMEN

Stimmungen

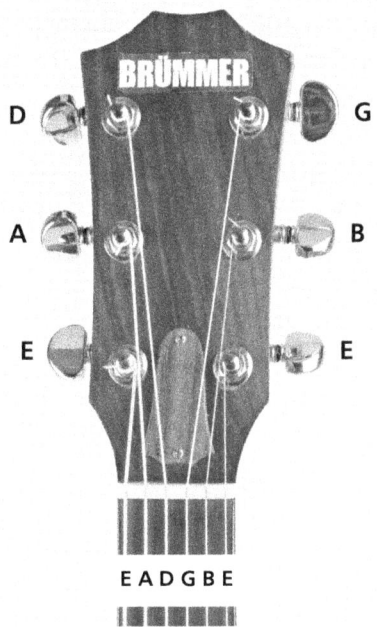

Die **Standard-Stimmung** der Gitarre von der tiefsten zur höchsten Saite ist:

E A D G B E

Orientiert man sich an der klassischen Zuordnung zu Oktavräumen, so schreibt man E A d g b e'.

Neben dieser Standard-Stimmung verwenden manche Gitarristen auch andere Stimmungen. Der Experimentierfreude sind da kaum Grenzen gesetzt. Eine verbreitete **alternative Stimmung** ist zum Beispiel Drop D (D A D G B E). Eine Beispiel für eine sogenannte **offene Stimmung** ist Open G (D G D G B D).

Das deutsche h
Da wir als Gitarristen viel internationales, vor allem englischsprachiges Repertoire spielen, halte ich es für sinnvoll, die internationalen Tonbezeichnungen zu verwenden. Auch beim Kauf von Saiten begegnen sie uns durchweg. Das deutsche h heißt international b. Das deutsche b heißt international b^b („bes", engl. „b-flat").

Stimmen mit Stimmgerät

Es gibt viele Arten von Stimmgeräten (engl. Tuner). Ich empfehle ein elektronisches, anklemmbares Stimmgerät (siehe Foto). Es ist klein, einfach zu bedienen und funktioniert zuverlässig auch in lauter Umgebung. Befestigt wird es am Kopf der Gitarre neben den Stimmmechaniken – also dort, wo man beim Stimmen sowieso hinsieht.

Der Stimmvorgang mit Stimmgerät
Schlage eine Saite an. Das Stimmgerät zeigt, ob der Ton zu hoch oder zu tief ist. Erhöhe (+) oder erniedrige (–) mit der Stimmmechanik schrittweise die Spannung der Saite, bis das Stimmgerät angibt, dass der Ton stimmt. Weitere Einzelheiten kannst du der Bedienungsanleitung des Stimmgeräts entnehmen.

Stimmen ohne Stimmgerät

Du benötigst...

- einen Ton (zum Beispiel von einem anderen Instrument)
- etwas Erfahrung darin, zwei Töne per Ohr vergleichen zu können.

Der folgenden Tabulatur (siehe **DIE TABULATUR**) kannst du entnehmen, welcher gegriffene Ton mit welcher Leersaite (ungegriffene Saite, in der Tabulatur 0) übereinstimmen muss.

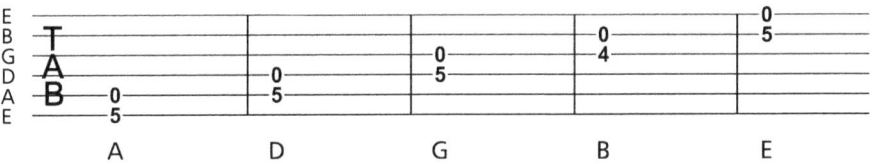

Der 5. Bund der E-Saite stimmt überein mit der A-Saite.
Der 5. Bund der A-Saite stimmt überein mit der D-Saite.
Der 5. Bund der D-Saite stimmt überein mit der G-Saite.
Der 4. (!) Bund der G-Saite stimmt überein mit der B-Saite.
Der 5. Bund der B-Saite stimmt überein mit der hohen E-Saite.

Der Stimmvorgang ohne Stimmgerät
1. Stimme die tiefe E-Saite nach einem Ton e von einem anderen Instrument (zum Beispiel Klavier, Keyboard, bereits gestimmte Gitarre).
2. Greife die tiefe E-Saite am fünften Bund, schlage sie an und lass sie weiterklingen. Schlage nun die A-Saite (ungegriffen) an. Vergleiche die beiden Töne.
3. Erhöhe oder erniedrige den Ton der A-Saite durch Drehen an der Stimmmechanik, bis die Töne übereinstimmen.
Gehe bei den anderen Saiten entsprechend vor.

5. DIE SAITEN

Saiten für Westerngitarre und E-Gitarre

Saiten für Western- und E-Gitarren werden aus Metalllegierungen (Stahl, Nickel) hergestellt. Die hohen Saiten bestehen aus einem einfachen Draht, die tiefen Saiten aus einem Kerndraht, um den ein weiterer Draht gewickelt ist. Um die Haltbarkeit zu erhöhen, wurden beschichtete Saiten erfunden. Solche Saiten werden zum Beispiel von Elixir® unter der Bezeichnung nanoweb® und polyweb® angeboten. Die tiefen, gewickelten Saiten sind hauchdünn mit einem speziellen Kunststoff komplett ummantelt, die hohen Saiten mit einem nicht rostenden Metall beschichtet. Die Haltbarkeit und die Frische des Klangs beträgt in etwa das Dreifache verglichen mit nicht beschichteten Saiten.

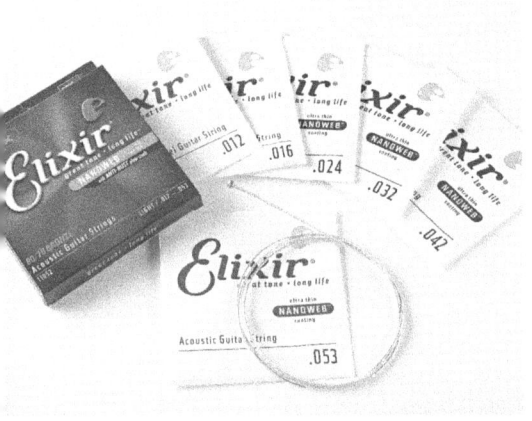

Saiten werden in sogenannten Sätzen angeboten. Die sechs Saiten eines Päckchens sind von der Dicke, der Grundspannung und dem Schwingungsverhalten aufeinander abgestimmt. Wenn man über Saitensätze spricht, nimmt man als Vergleichsmaßstab die hohe E-Saite.

Für **Westerngitarren** ist der Standard ein 12er Satz. Das bedeutet, die hohe E-Saite ist 0,012 Zoll (Inch) dick, daher die Bezeichnung „12er Satz". Die übrigen Saiten sind je nach Hersteller entsprechend gestaffelt. Zum Beispiel Elixir® Light: 0,012 - 0,016 - 0,024 - 0,032 - 0,042 - 0,053 Zoll. Ein 13er Satz klingt etwas fetter und bassiger, ein 11er Satz etwas dünner und silbriger. Bei gleicher Stimmung lässt sich ein 13er Satz schwerer greifen als ein 12er Satz, ein 11er Satz greift sich leichter als ein 12er Satz. Der Grund dafür ist, dass ein dickerer Saitensatz eine höhere **Saitenspannung** auf die Gitarre bringt als ein dünnerer.

Für **E-Gitarren** ist der Standard ein 9er oder 10er Satz. Die Staffelung der Saitenstärken kann je nach Hersteller etwas variieren.

Beispiele
Elixir® Super Light: 0,009 - 0,011 - 0,016 - 0,024 - 0,032 - 0,042 Zoll
Light: 0,010 - 0,013 - 0,017 - 0,026 - 0,036 - 0,046 Zoll

Saiten für Konzertgitarre

Die hohen drei Saiten für Konzertgitarre bestehen aus Nylon, bei den tiefen drei Saiten ist ein feiner Metalldraht um ein Nylongewebe gewickelt. In neuerer Zeit wird auch Carbon eingesetzt, das einen brillianteren Klang hervorbringt. Saitensätze für Konzertgitarre sind nach der Grundspannung der Saiten bezeichnet, zum Beispiel normal, medium, high tension. Das kann man als Hinweis nehmen, wie sich das Greifen ungefähr anfühlen wird: weich, mittel, hart. Für Anfänger empfehlen sich Saiten mit weicher oder mittlerer Grundspannung.

Ziehe niemals Saiten, die für Westerngitarren gedacht sind, auf eine Konzertgitarre auf! Die Konzertgitarre kann durch die höhere Spannung der Stahlsaiten an Steg, Decke und Hals beschädigt werden.

Saiten wechseln

Saiten verschleißen durch das Greifen und Anschlagen sowie durch Schmutz und Schweiß. Mit dem Verschleiß erhöht sich auch die Wahrscheinlichkeit, dass eine Saite reißt. Wie lange Saiten halten, hängt von der Spielhäufigkeit und dem Saitenmaterial ab. Bei einem, der wenig spielt, sind die Saiten nach einem halben Jahr noch gut. Ein anderer muss die Saiten jede Woche wechseln. Wenn einer der folgenden Punkte zutrifft, ist es an der Zeit, der Gitarre neue Saiten zu gönnen.

- Die Saiten haben deutlich an Brillianz verloren und klingen dumpf.
- Die Saiten lassen sich nicht mehr genau stimmen.
- Rost hat sich auf den Saiten gebildet.
- Umwicklungen fangen an sich zu lösen.

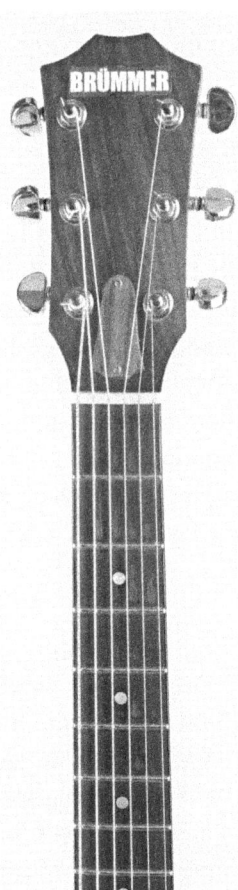

Der Saitenwechsel kann leicht selbst erledigt werden, etwas handwerkliches Geschick vorausgesetzt. Im Internet findet sich eine ganze Reihe von Video-Anleitungen (Tutorials), wie man die Saiten von Westerngitarre, Konzertgitarre und E-Gitarre wechselt. Da ein Video mehr zeigt, als tausend Worte ausdrücken können, habe ich einige Vorschläge auf der Website zu diesem Buch zusammengestellt.

▶ www.bbmusic.de/gitarre-spielen-know-how/

6. PFLEGE DER GITARRE

Eine Gitarre braucht relativ wenig Pflege. Damit sie aber über Jahre hinweg funktioniert und du Freude an ihr hast, solltest du die folgenden Hinweise beherzigen.

- Transportiere die Gitarre ausschließlich geschützt, das heißt in einem Gitarrenkoffer oder in einer Gitarrentasche.
- Auch wenn die Gitarre eine längere Zeit nicht benutzt wird, ist sie am besten im Koffer oder in der Tasche aufgehoben.
- Ein Platz an der Sonne, am Heizkörper, im Freien, längere Zeit im Auto (vor allem Winter, Sommer) kann zu Schäden an der Gitarre führen. Zum Beispiel: Der Hals verzieht sich, die Decke reißt...
- Handschweiß wirkt aggressiv auf Lackierungen und Chromteile. Reibe Hals und Korpus regelmäßig mit einem weichen Baumwolltuch ab.
- Hartnäckige Rückstände lassen sich meist mit einem leicht angefeuchteten Lappen beseitigen. Falls die Fläche lackiert ist, kannst du einen winzigen Tropfen Spülmittel dazu geben.
- Sind Chromteile stark angelaufen, nimm eine Chrompolitur aus dem Autozubehör.
- Reibst du die Saiten nach jedem Spielen mit einem Lappen ab, verzögert das deren Alterungsprozess.
- Ein lackiertes Griffbrett kannst du mit einem feuchten Lappen reinigen. Nimm gegebenenfalls einen winzigen Tropfen Spülmittel hinzu.

Unlackierte Griffbretter brauchen eine spezielle Reinigung und Pflege. Siehe dazu mein Video „Das Griffbrett pflegen".

www.bbmusic.de/gitarre-spielen-know-how/

Teil II NOTATION

7. DIE STANDARDNOTATION

Die Gitarre klingt eine Oktave tiefer als notiert, was durch die 8 unter dem Notenschlüssel angezeigt wird (Octava Basso). Im Beispiel sind die Leersaiten (ungegriffenen Saiten) der Gitarre notiert.

Die Töne a, b, c, d, e, f, g werden **Stammtöne** genannt. Von ihnen sind mit den **Versetzungszeichen # und b** (gesprochen „Kreuz" und „Be", engl. „sharp" und „flat") die Bezeichnungen für die dazwischen liegenden Töne abgeleitet. Das # bedeutet, dass der Ton um einen Halbtonschritt erhöht ist, das b, dass der Ton um einen Halbtonschritt erniedrigt ist. Der **Halbtonschritt** ist der kleinste Abstand zwischen zwei Tönen (Intervall). Auf der Gitarre entspricht ein Bund einem Halbtonschritt.

International heißen die Töne nach dem Alphabet a, b, c, d e, f, g. Im Deutschen gibt es für das b leider die Bezeichnung h, was die gute alphabetische Ordnung stört. Da wir als Gitarristen viel englischsprachiges Repertoire spielen, ist es sinnvoll, die internationalen Tonbezeichnungen zu verwenden. Damit keine Verwirrung aufkommt, falls dir doch einmal die deutschen Tonnamen begegnen: Das b heißt im Deutschen h. Das b^b („bes", engl. „b-flat") heißt im Deutschen b.

8. DIE TABULATUR

Die Tabulatur (TAB) ist eine spezielle Form der Notation von Musik für Saiteninstrumente mit Bünden (Gitarre, Banjo, Mandoline usw.). Die Tabulatur zeigt direkt an, welche Saite an welchem Bund gegriffen werden soll. Gelesen wird von links nach rechts.

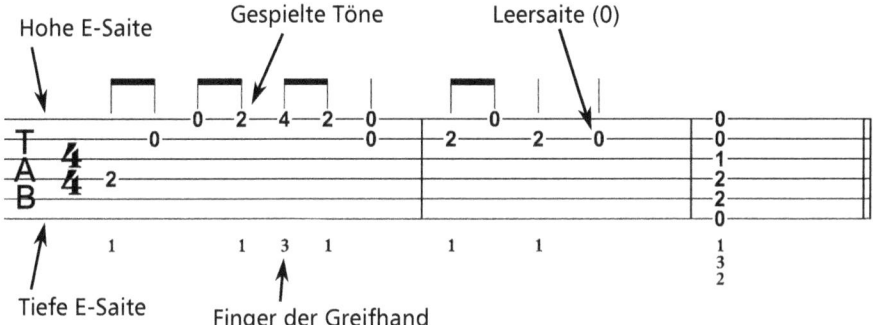

Die erste 2 in obigem Beispiel bedeutet: Greife die D-Saite am zweiten Bund und schlage sie an. Die folgende 0 bedeutet: Schlage die B-Saite an (ohne sie zu greifen). Bei einer ausführlichen Tabulatur sind auch die Finger notiert, mit denen die Töne gegriffen werden sollen (siehe auch DIE GREIFHAND UND DAS GREIFEN).

Notendauer

Die **Notendauer** erkennt man wie bei der Standardnotation an den Notenhälsen und Fähnchen. Die Zeichen für die **Pausen** sind die selben.

	Viertel	Halbe	Ganze	Achtel
Noten in der Standardnotation	♩	♩	o	♪ ♫
Noten in der Tabulatur	1	1	1	1 1 1
Pausen	𝄽	▬	▬	𝄾

9. STANDARDNOTATION & TABULATUR

Häufig werden Standardnotation und Tabulatur zusammen verwendet. Die Tabulatur kann so auf das Notwendigste reduziert werden und ist dadurch noch einfacher zu lesen. Notendauern und Pausen entnimmt man aus der Standardnotenzeile. Im folgenden Beispiel sind auch die typischen Spieltechniken der Gitarre notiert: Bend, Hammer On, Pull Off, Slide und Vibrato (siehe **TYPISCHE SPIELTECHNIKEN**).

Bend um einen Ganztonschritt (=zwei Halbtonschritte bzw. Bünde) Bend um einen Ganztonschritt und Release Hammer On und Pull Off Slide aufwärts...

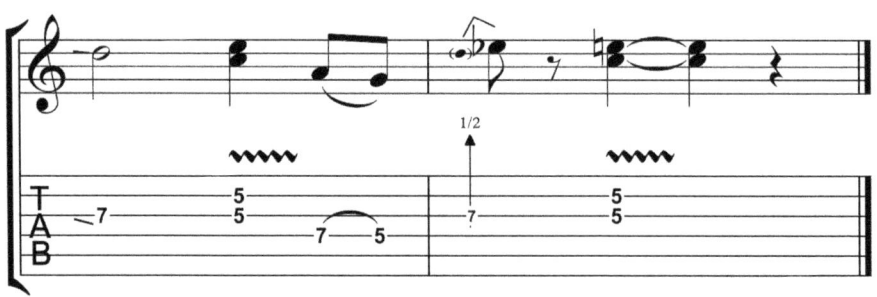

und abwärts   Vibrato   Pull Off   Bend um einen Halbtonschritt bzw. Bund   Vibrato

10. DIE TEXT-TABULATUR

Die Text-Tabulatur ist eine Tabulaturvariante, die durch Computer und Internet weite Verbreitung fand. Sie kann mit jedem Textprogramm geschrieben werden. Es kommt eine Schrift (engl. Font) mit festem Buchstaben-Abstand zum Einsatz, meist die Courier.

```
E|-----------------|----------------|---------------|
B|-----------------|-0-0-0-0--------|-0-0-0-0-------|
G|-------0-2---2---|---------2------|---------2-----|
D|-0-2-4-----------|----------------|---------------|
A|-----------------|----------------|---------------|
E|-----------------|----------------|---------------|


E|-----------------|---------------||
B|-----------------|---------------||
G|-0-0-0-0---------|---------------||
D|---------4---4---|-2-2-2-2-------||
A|-----------------|---------0-----||
E|-----------------|---------------||
```

Die Saiten werden mit Bindestrichen dargestellt, die zu greifenden Töne durch Zahlen. Wie bei der normalen Tabulatur liegen die Saiten übereinander, die hohe E-Saite oben, die tiefe E-Saite unten. Gelesen wird von links nach rechts. Senkrechte Striche begrenzen die Takte. Ein Nachteil der Text-Tabulatur ist, man muss das Musikstück bereits kennen, denn genaue Angaben zu Tonlänge und Pausen fehlen und können aus den Abständen der Zahlen nur ungefähr erschlossen werden.

Kleine Aufgabe: Wie heißt das notierte Stück?

Lösung: Alle meine Entchen

11. TAKT

Der **Puls** oder **Grundschlag** (engl. **Beat**) eines Musikstücks wird einem Notenwert zugeordnet, am häufigsten der Viertelnote. Ein Takt umfasst eine bestimmte Anzahl von diesem Notenwert. Taktstriche zeigen die Unterteilung an. Dadurch wird Musik zählbar.

Die gebräuchlichsten Taktarten

Taktart	Gesprochen	Grundschlag (Beat)	Anzahl pro Takt
$\frac{3}{4}$	„drei Viertel Takt"	Viertelnote	3
$\frac{4}{4}$	„vier Viertel Takt"	Viertelnote	4
$\frac{2}{2}$	„zwei Halbe Takt"	Halbe Note	2
$\frac{6}{8}$	„sechs Achtel Takt"	Achtelnote	6

Zählen

Der Grundschlag (Beat) wird mit 1, 2, 3 usw. gezählt. Genau dazwischen liegende Noten zählt man mit „und" (+). Ist nochmals eine Note dazwischen, nimmt man dafür „e".

12. TEMPO

Das **Tempo** gibt an, wie schnell ein Musikstück gespielt wird. Tempobezeichnungen wie allegro (schnell, heiter), moderato (mäßig bewegt), andante (ruhig gehend), largo (breit) und viele weitere werden besonders im klassischen Musikbereich verwendet. Sie deuten darüber hinaus auch eine Stimmung an. In der populären Musik hat sich eine andere Tempoangabe durchgesetzt, die an den Beat (Grundschlag) geknüpft ist. Die Einheit ist beats per minute (Schläge pro Minute), kurz **bpm**.

Beispiele

120 bpm in einem 2/4, 3/4 oder 4/4 Takt bedeutet:
120 Viertelnoten werden pro Minute gespielt.

94 bpm in einem 6/8 Takt bedeutet:
94 Achtelnoten werden pro Minute gespielt.

Mit einem **Metronom** lässt sich das Tempo genau festlegen. Heutzutage gibt es eine ganze Reihe kostenloser Apps für das Smartphone, die diese Aufgabe übernehmen. Suche einfach im App-Store (iOS) beziehungsweise in Google Play (Android) nach „Metronom" oder englisch nach „Metronome". In der App trägt man dann den Wert ein, drückt auf Start und hört den Grundschlag im richtigen Tempo.

13. AKKORD UND AKKORDSYMBOL

Ein großer, wenn nicht sogar der größte Einsatzbereich der Gitarre ist die Akkordbegleitung. Als **Akkord** wird der Klang bezeichnet, der entsteht, wenn drei oder mehr verschiedene Töne gleichzeitig erklingen (Dreiklang, Vierklang, Fünfklang). Einfach gesagt, werden auf der Gitarre drei oder mehr Saiten zusammen angeschlagen, ist das ein Akkord.

Jeder Akkord hat einen Namen, der in Kurzform als sogenanntes **Akkordsymbol** geschrieben wird. Damit kann man Akkorde schnell mitteilen und jeder Musiker weiß, was gemeint ist. Benannt wird nach einer einfachen Regel: Der **Grundton** des Akkords wird als Großbuchstabe geschrieben. Der Großbuchstabe alleine steht für einen Dur-Dreiklang. Handelt es sich um einen anderen Akkord, werden die entprechenden Veränderungen hinter dem Großbuchstaben notiert.

Akkordsymbol	Gesprochen	Bedeutung
D	„D-Dur"	Dur-Dreiklang mit dem Grundton d
Am	„A-Moll"	Moll-Dreiklang mit dem Grundton a
Asus^4	„A-sus-vier"	Dreiklang mit der Quarte (4) statt der Terz des normalen Dreiklangs (engl. suspended)
F#m^7	„Fis-Moll-sieben"	Moll-Vierklang mit dem Grundton f# erweitert um die Septime (7)
C maj^7	„C-major-sieben"	Dur-Vierklang mit dem Grundton c erweitert um die große Septime (engl. major 7)

Dur und Moll spielen in unserer westlichen Musik eine zentrale Rolle. Ein Dur-Akkord wird als heller, klarer, fröhlicher empfunden, ein Moll-Akkord dagegen als dunkler und tiefgreifender. Verantwortlich ist die sogannte Terz, der Ton auf der dritten Stufe bezogen auf den Grundton. Große Terz bedeutet Dur (ein Intervall von vier Halbtonschritten, auf der Gitarre sind das vier Bünde). Kleine Terz bedeutet Moll (ein Intervall von drei Halbtonschritten, auf der Gitarre drei Bünde).

Teil III GITARRE SPIELEN

14. WESTERN- UND E-GITARRE SPIELEN

Westerngitarre und E-Gitarre im Sitzen spielen

Lege die Gitarre auf den rechten Oberschenkel (Linkshänder legen die Gitarre auf den linken Oberschenkel). Sitze aufrecht und ziehe den Korpus der Gitarre so weit wie möglich heran. Der Schlagarm liegt auf der Kante des Gitarrenkorpus' auf. Die Schlaghand befindet sich im Bereich zwischen Sattel und Halsansatz.

Diejenige Haltung von Körper und Gitarre ist am besten, die es dir erlaubt, unverkrampft und locker spielen zu können.

Westerngitarre und E-Gitarre im Stehen spielen

Der Gurt wird an den Gurtpins befestigt. Stelle die Länge des Gurtes so ein, dass die Gitarre nicht zu tief (Richtung Boden), aber auch nicht zu hoch hängt. Die Greifhand sollte bequem greifen können, ohne zu stark abgenickt zu werden. Der Schlagarm liegt auf der Kante des Gitarrenkorpus' auf. Die Schlaghand befindet sich im Bereich zwischen Sattel und Halsansatz.

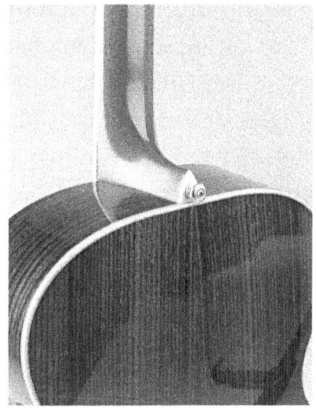

Viele Westerngitarren sind bereits ab Werk mit beiden Gurtpins ausgestattet. Sollte es nicht so sein, kann man die Pins von einem Fachmann für wenige Euro nachrüsten lassen.

15. KONZERTGITARRE SPIELEN

Um die Gitarre in die optimale Spielposition zu bringen, muss das linke Bein etwas nach oben kommen (bei Linkshändern das rechte Bein). Dazu stellt man den Fuß zum Beispiel auf eine sogenannte Fußbank. Auf dem Foto ist eine solche verstellbare Fußbank abgebildet.

Sitze aufrecht und lege die Gitarre auf den linken Oberschenkel (Linkshänder legen die Gitarre auf den rechten Oberschenkel). Ziehe die Gitarre an deinen Körper heran. Der Gitarrenhals steht im Vergleich zu den zuvor gezeigten Spielhaltungen steiler, so dass sich der Gitarrenkopf etwa in Schulterhöhe befindet. Der Schlagarm liegt auf der Kante des Gitarrenkorpus auf. Die Gitarre sollte nun ohne Zutun der Greifhand in dieser Position bleiben.

Zur Haltung der Anschlag-/Zupfhand siehe DIE KLASSISCHE SPIELWEISE.

16. DIE GREIFHAND UND DAS GREIFEN

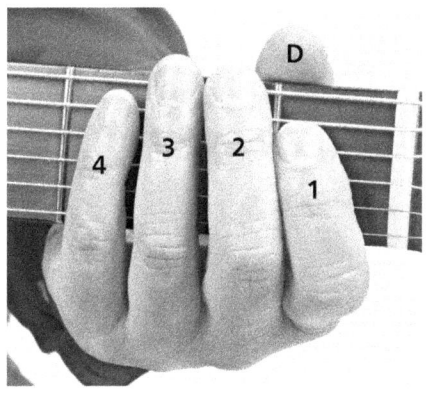

Die Finger der Greifhand sind mit den den Kürzeln 1, 2, 3, 4 und D benannt.

1 = Zeigefinger
2 = Mittelfinger
3 = Ringfinger
4 = Kleiner Finger
D = Daumen (engl. T = Thumb)

Hinweise zum Greifen

- Setze die Finger möglichst nahe an die Bundstäbchen, soweit das möglich ist. Das beugt dem ungewollten Schnarren oder Klirren der Saiten vor.
- Kurze Fingernägel sind beim Greifen von Vorteil.
- Der Daumen sich auf der Rückseite des Halses. Er ist je nach Griff im Bereich zwischen der Mitte der Halsrückseite und der oberen Griffbrettkante positioniert.

Das Greifen von Akkorden

Achte darauf, dass die anderen Saiten, die mitklingen sollen, frei schwingen können und nicht von den Fingern berührt werden. Stelle dazu die Fingerkuppen relativ steil auf das Griffbrett.

Bei einem **Barrégriff** (kurz **Barré**, frz. quergelegt) drückt ein Finger gleichzeitig mehrere Saiten herunter.

Saiten, die **nicht** zum Akkord dazugehören, sind abzudämpfen und/oder werden nicht angeschlagen. Siehe dazu auch DAS ABDÄMPFEN DER SAITEN

Akkorde siehe DAS GRIFFDIAGRAMM und DIE WICHTIGSTEN AKKORDGRIFFE

17. DIE SCHLAGHAND

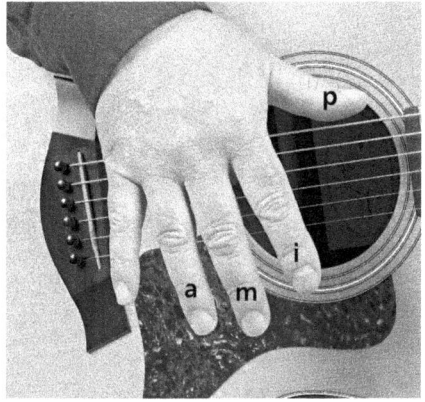

Die Finger der Schlaghand bzw. Zupfhand sind mit den Kürzeln p, i, m, a benannt (von lateinisch pollex, index, medius und anularius).

p = Daumen
i = Zeigefinger
m = Mittelfinger
a = Ringfinger

Um die Saiten in Schwingung zu versetzen, werden sie angeschlagen oder angezupft. Das kann auf vielfältige Weise geschehen:

- Anschlagen mit einem oder mehreren Fingern
- Anschlagen mit einem Plektrum (engl. Pick)
- Zupfen mit den Fingern

Wird die Saite von oben angeschlagen, nennt man das einen **Abschlag** (Notation ⊓). Wird die Saite von unten angeschlagen, nennt man das einen **Aufschlag** (Notation V).

> **Hinweis für Linkshänder**
> Rechts- und Linkshänder spielen spiegelverkehrt. Bei Linkshändern ist die linke Hand die Schlaghand, die rechte Hand ist die Greifhand.

18. ANSCHLAGEN MIT DEM DAUMEN

Einzelne Saiten mit dem Daumen anschlagen

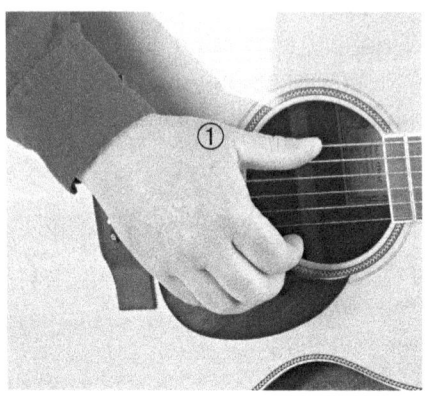

Der Daumen (p) bleibt beim Anschlag gestreckt, knickt also nicht ein. Die Bewegung kommt aus dem hinteren Daumengelenk ①.

Beispiel

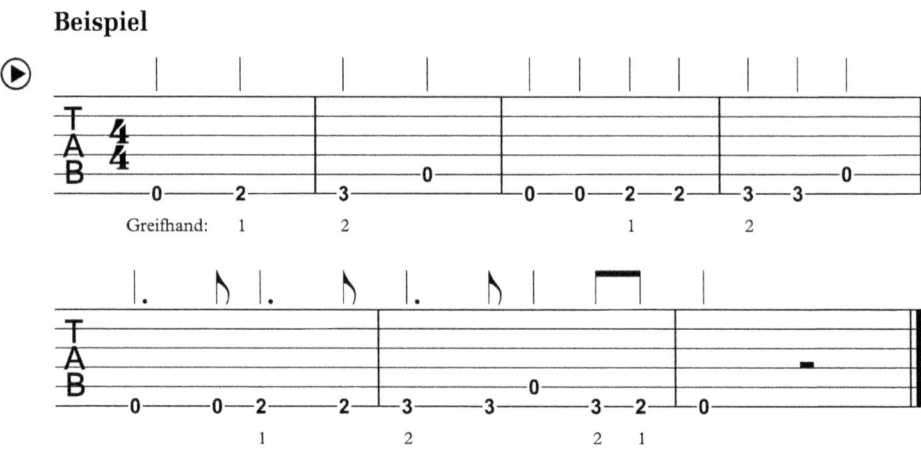

Akkorde mit dem Daumen anschlagen

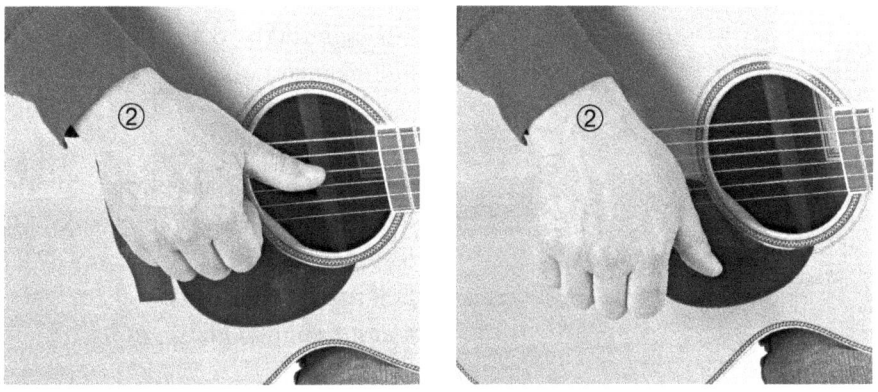

Für einen Akkord werden mehrere Saiten angeschlagen. Der Daumen bleibt gestreckt. Die Bewegung kommt aus dem Handgelenk ②.

Beispiel

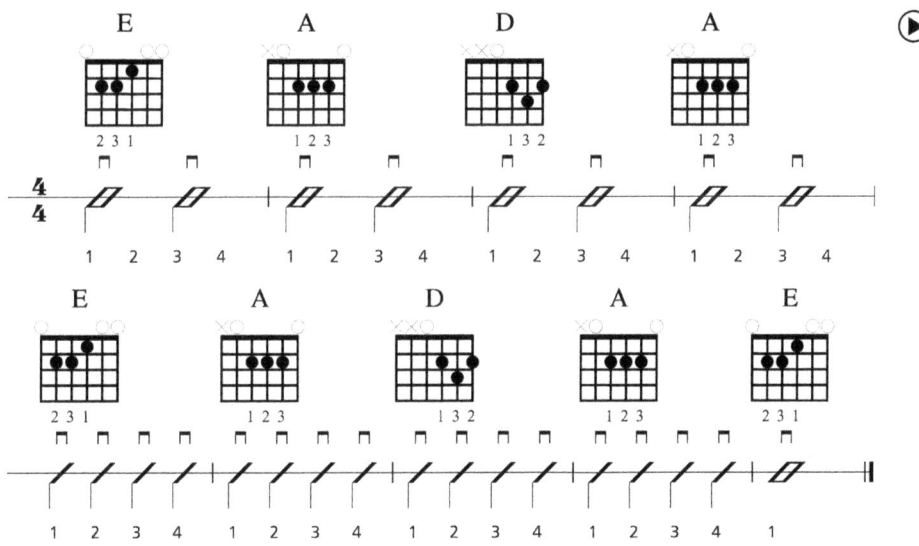

Griffdiagramm siehe DAS GRIFFDIAGRAMM
Akkorde siehe DIE WICHTIGSTEN AKKORDGRIFFE

19. AKKORDE MIT DEN FINGERN ANSCHLAGEN

Für einen Akkord werden mehrere Saiten angeschlagen.

Beim **Abschlag** ⊓ fahren Zeige- und Mittelfinger aus einer schnellen Bewegung des Handgelenks heraus über die Saiten. Hauptsächlich die Oberseite der Fingernägel kommt mit den Saiten in Berührung.

Im Verlauf der Bewegung strecken sich die Finger (zweites und drittes Foto).

Beim **Aufschlag** V bringt das Handgelenk die Hand wieder auf gleichem Weg in die Ausgangsstellung zurück. Hierbei fahren die Fingerspitzen von Zeige- und Mittelfinger leicht über die Saiten.

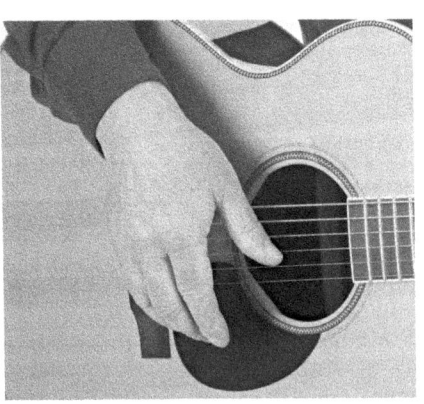

Wechselschlag bedeutet: Abschlag und Aufschlag wechseln sich ab. Erfolgen die Abschläge auf den Hauptzählzeiten (im Beispiel 1, 2), sind die Aufschläge genau dazwischen (auf Zählzeit „und").

Beispiel

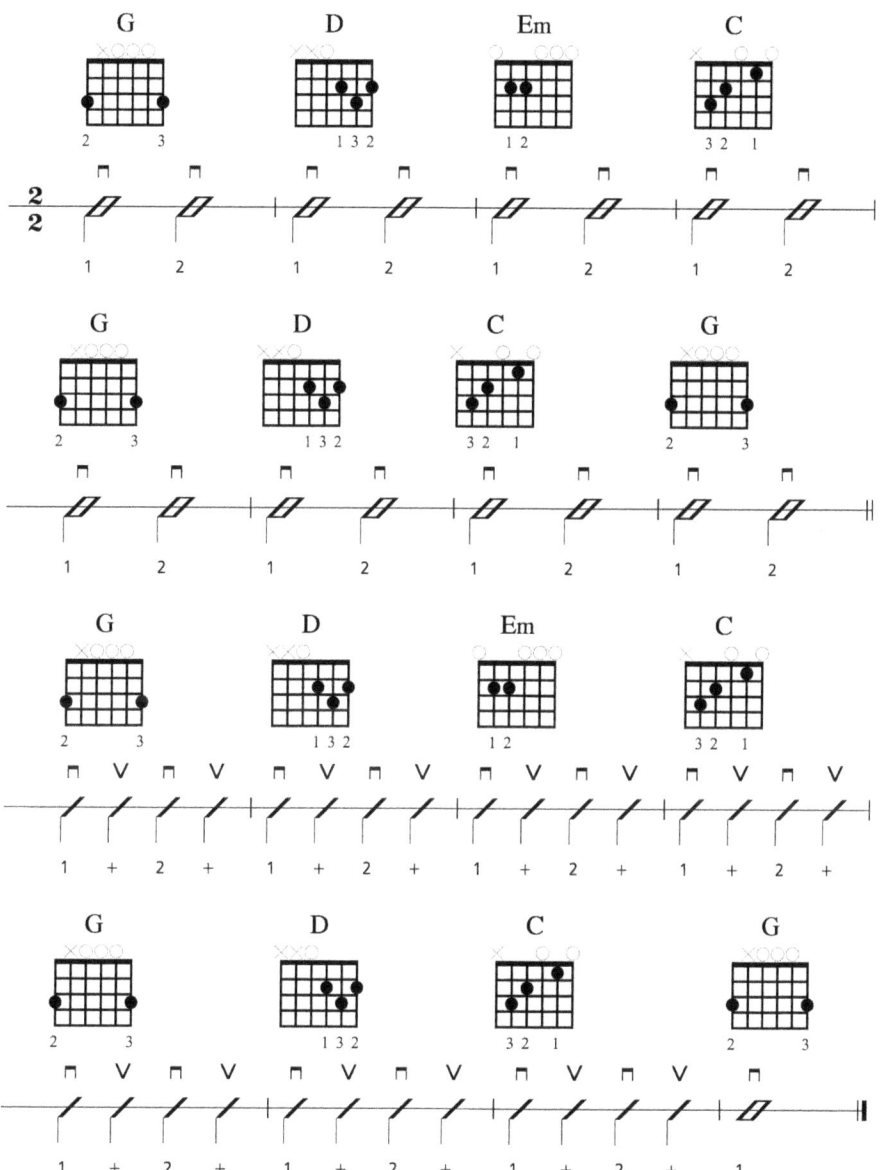

20. ANSCHLAGEN MIT DEM PLEKTRUM

Einzelne Saiten mit dem Plektrum anschlagen

Nimm das Plektrum (engl. Pick) zwischen Daumen und Zeigefinger. Bringe Unterarm und Hand so in Position, dass die Plektrumspitze parallel zur Saite steht. Die Bewegung des **Abschlags** ⊓ kommt aus dem Handgelenk. Die Finger bleiben in ihrer Haltung.

Achte darauf, dass die Spitze des Plektrums nicht zu tief zwischen den Saiten eintaucht (maximal einen Millimeter tiefer als die Saite).

Beim **Aufschlag** V dreht das Handgelenk wieder in die Ausgangsstellung zurück. Dabei schlägt das Plektrum die Saite von unten an.

Wenn Abschlag und Aufschlag abwechselnd hintereinander ausgeführt werden, nennt man das **Wechselschlag**.

Beispiel 1

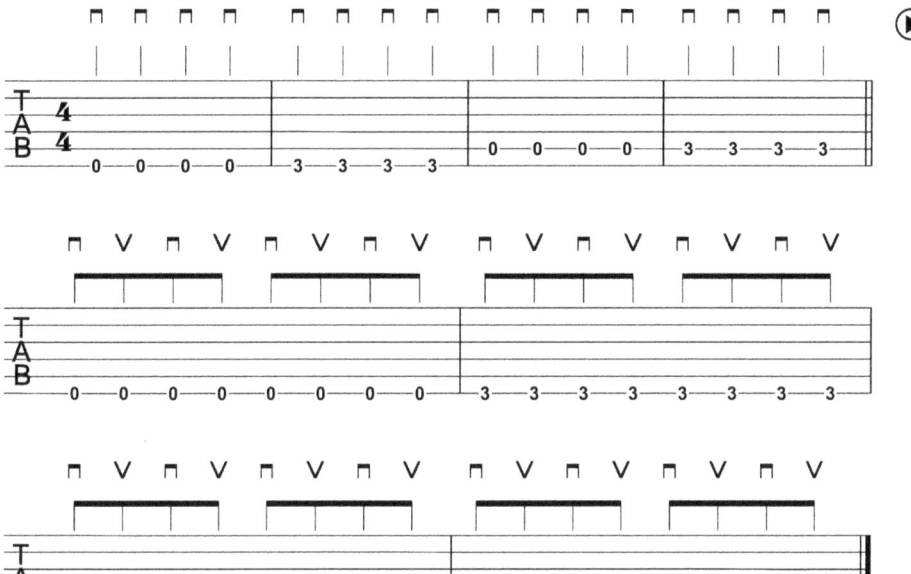

Beispiel 2

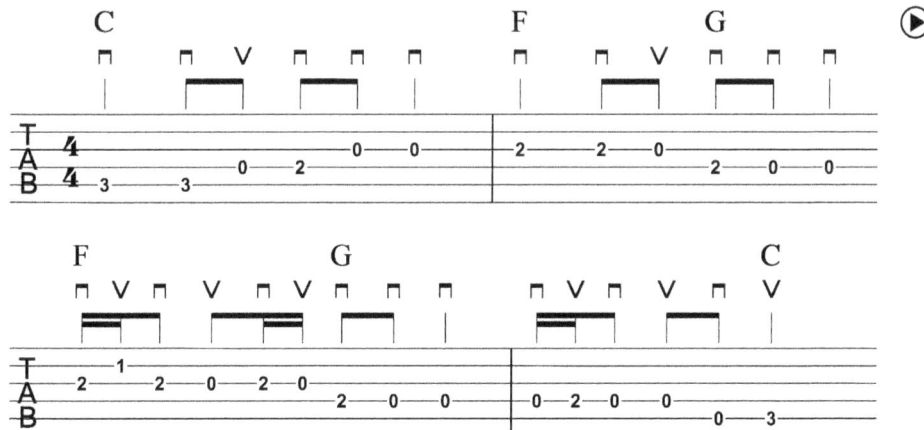

Akkorde mit dem Plektrum anschlagen

Für einen Akkord werden mehrere Saiten angeschlagen.

Die Hauptbewegung für den **Akkordabschlag** ⊓ mit Plektrum kommt aus dem Handgelenk. Die Bewegung wird durch eine leichte Drehung des Unterarms unterstützt.

Das Plektrum braucht nur wenig in die Saiten einzutauchen. Schlage die Saiten schnell und gleichmäßig an, so dass die Töne zu einem Akkordklang verschmelzen.

Beim **Akkordaufschlag** V dreht das Handgelenk wieder in die Ausgangsstellung zurück. Dabei schlägt das Plektrum die Saite von unten an.

Wenn Abschlag und Aufschlag abwechselnd mehrfach hintereinander ausgeführt werden, nennt man das **Wechselschlag**.

Beispiel 1 – Powerchords mit Abschlägen

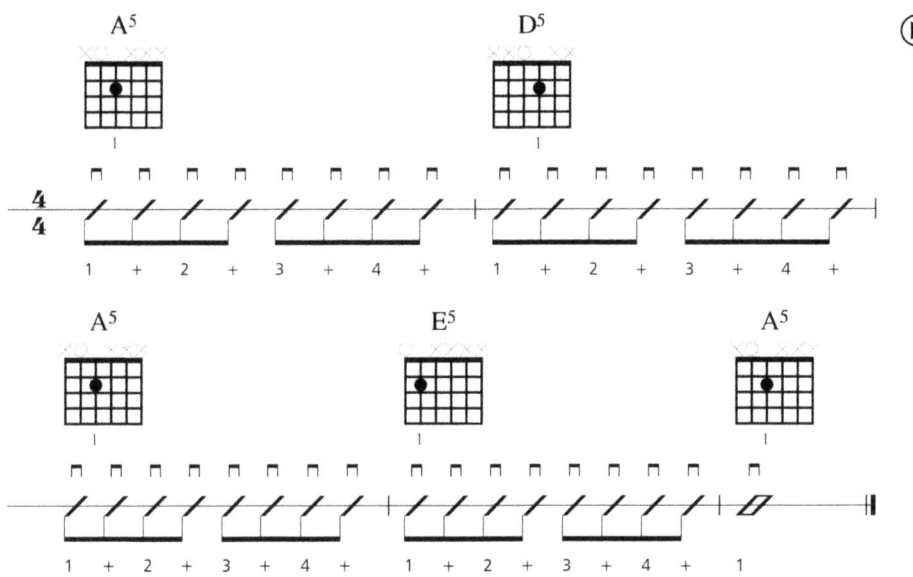

Beispiel 2 – Open Chords mit Schlagmuster

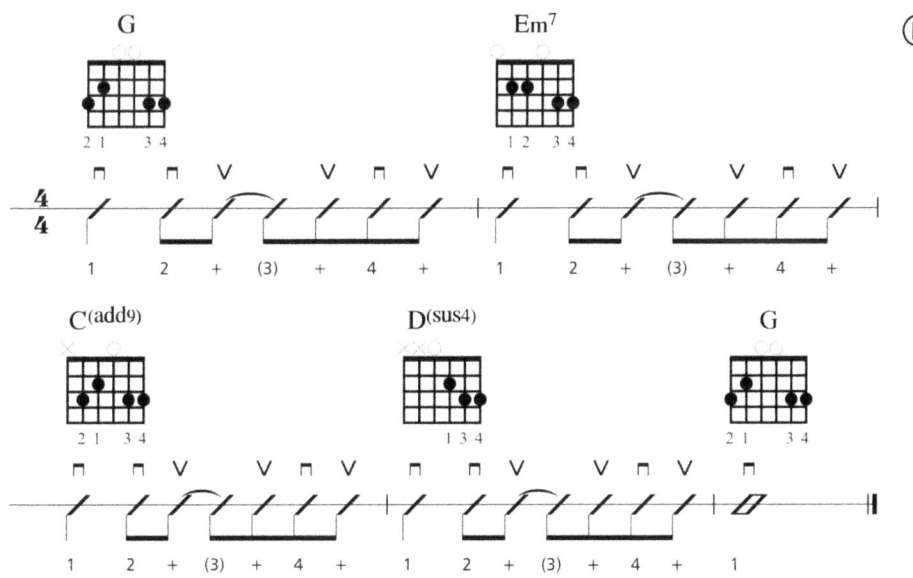

21. ZUPFEN: DAS FINGERPICKING

Beim **Fingerpicking** (auch **Fingerstyle** genannt) werden die Saiten in einem Zusammenspiel von Daumen und übrigen Fingern angezupft. Es ist eine Technik vornehmlich für die Westerngitarre. Das Fingerpicking kann zur Liedbegleitung (siehe DIE WICHTIGSTEN ZUPFMUSTER) und auch für virtuoses Instrumentalspiel eingsetzt werden. Zu den beutendsten Fingerpickern zählen Tommy Emmanuel und Don Ross.

Die Hand befindet sich relativ flach über den Saiten (was je nach Stilistik und Spielweise variiert), so dass die Finger die Saiten anzupfen können und der Handballen gegebenfalls schnell abdämpfen kann. Der Daumen wird vom hinteren Daumengelenk bewegt und bleibt gestreckt.

Sunshine On Your Path

Bernd Brümmer

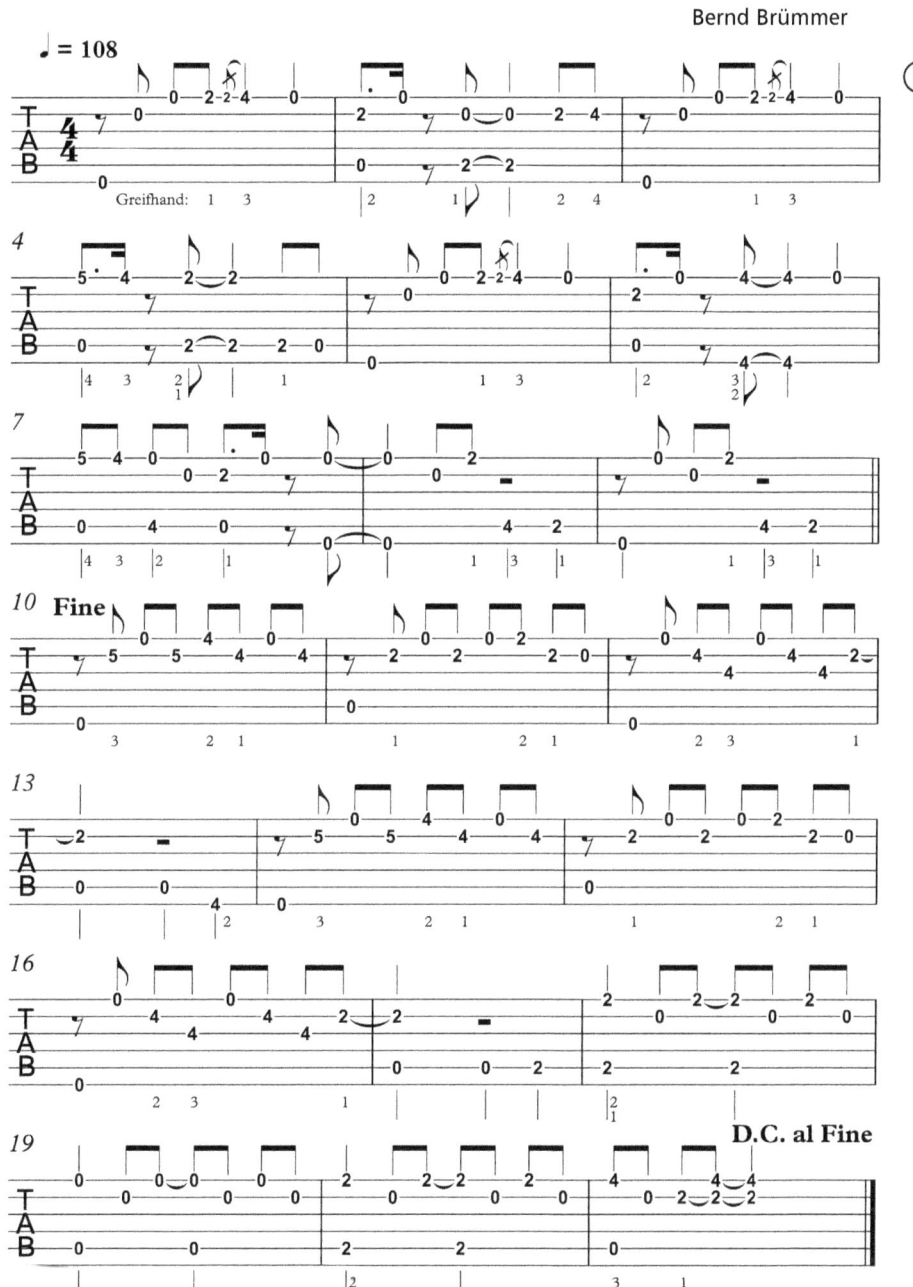

22. ZUPFEN: DIE KLASSISCHE SPIELWEISE

Bei der klassischen Spielweise auf der Konzertgitarre werden die Saiten in einem Zusammenspiel von Daumen und übrigen Fingern angezupft.

Die Hand ist abgeknickt und gewölbt. Es sieht aus, als würde sie einen kleinen Apfel umfassen. Die Fingerkuppen stehen annähernd parallel zu den Saiten. Der Daumen bleibt gestreckt und wird vom hinteren Daumengelenk bewegt. (Zur Sitzhaltung siehe **KONZERTGITARRE SPIELEN**)

Zu den wichtigsten Vertretern der klassischen Spielweise gehören Andrés Segovia, John Williams und Julian Bream. (siehe auch **BEDEUTENDE STÜCKE FÜR GITARRE**: Stücke für Konzertgitarre / Klassische Gitarre)

Als **Beispielstück** ist auf den nächsten Seiten das bekannte „Für Elise" von Ludwig van Beethoven für Gitarre notiert. Die Greifhand kann sich meist an den Akkordgriffen Am, E, C, G orientieren. Wie die Zupfhand vorgeht, ist zu Beginn zu sehen. Die Tempoangabe „Poco moto" bedeutet, das Stück ist „ein wenig bewegt" zu spielen (etwa 96 bpm).

Für Elise

Ludwig van Beethoven
Arr. Bernd Brümmer

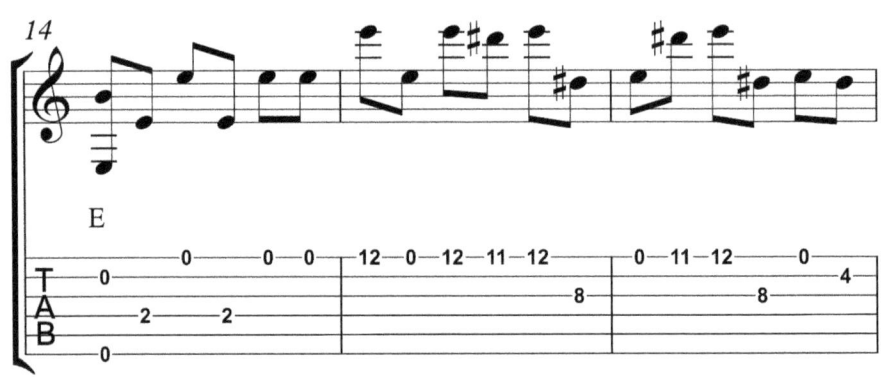

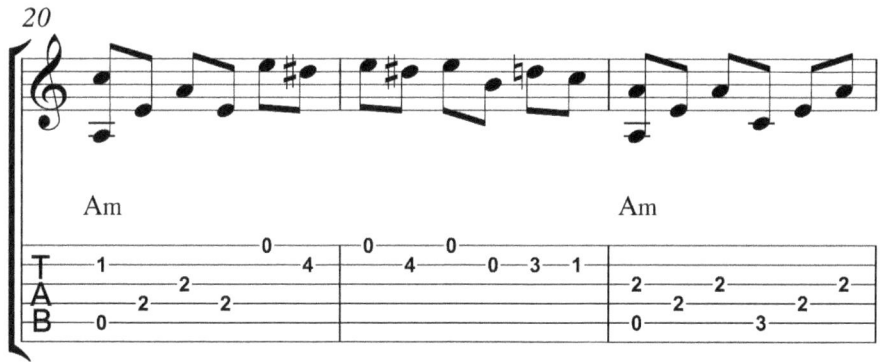

23. DAS ABDÄMPFEN DER SAITEN

Das Adämpfen wird benötigt, um
- die Saiten für eine Pause in der Musik abzustoppen
- nicht beteiligte Saiten ruhig zu halten
- spezielle Spieleffekte zu erzeugen

Abdämpfen mit der Schlaghand

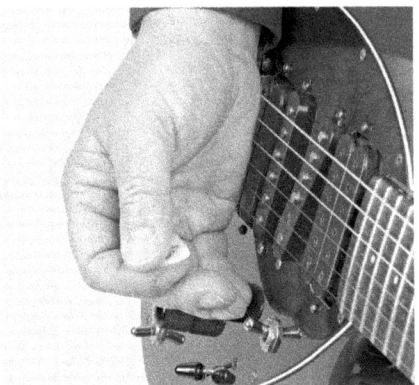

Ein Teil des Handballens (engl. Palm) wird leicht auf die Saiten gelegt.

Notation: **Palm Mute, P.M.**

Beispiel 1

P.M. – Der Handballen dämpft die Saiten leicht ab. Die Akkorde D und E erklingen ungedämpft. Für die Viertelpause dämpft der Handballen die Saiten vollständig ab.

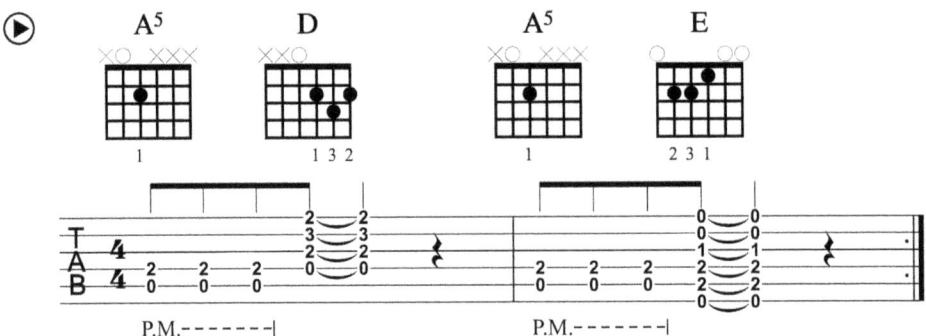

Beispiel 2

P.M. – Der Handballen dämpft die Saiten leicht ab.

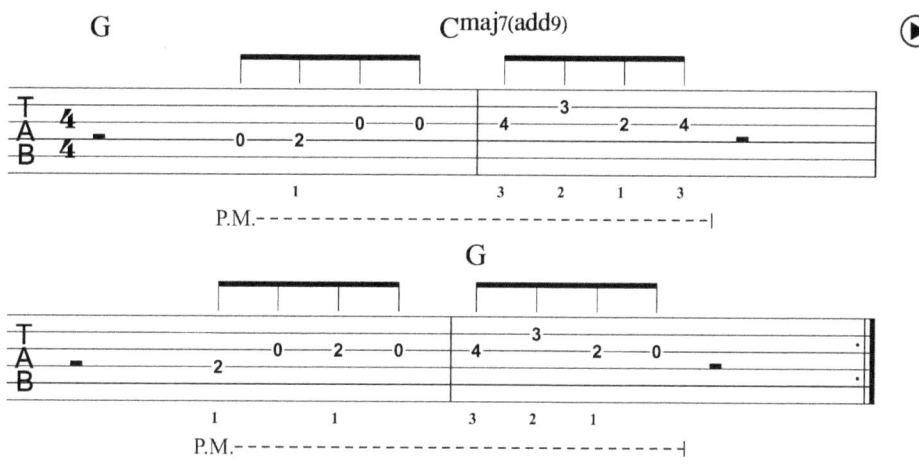

Abdämpfen mit der Greifhand

Ein oder mehrere Finger der Greifhand berühren die betreffenden Saiten und hindern sie am Schwingen. Dafür gibt es zwei Möglichkeiten.

- Man berührt beim Greifen gleichzeitig die betreffende(n) benachbarte(n) Saite(n).
- Man legt einen Finger leicht auf die betreffenden Saiten (Foto).

Notation: **Mute, Notenkopf x**

Beispiel 1

Die Greifhand dämpft die B-Saite am dritten Bund ab (x). Der letzte Ton auf der hohen E-Saite wird nicht abgedämpft und um einen Halbtonschritt hochgezogen (siehe TYPISCHE SPIELTECHNIKEN: BEND)

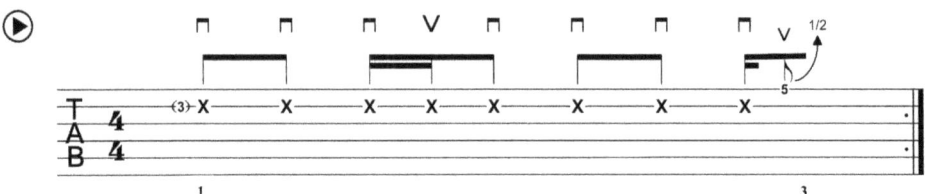

Beispiel 2

Die Greifhand dämpft die Saiten bei x ab. An diesen Stellen erfolgt der Anschlag also über die abgedämpften Saiten (Zählzeit 2 und 4).

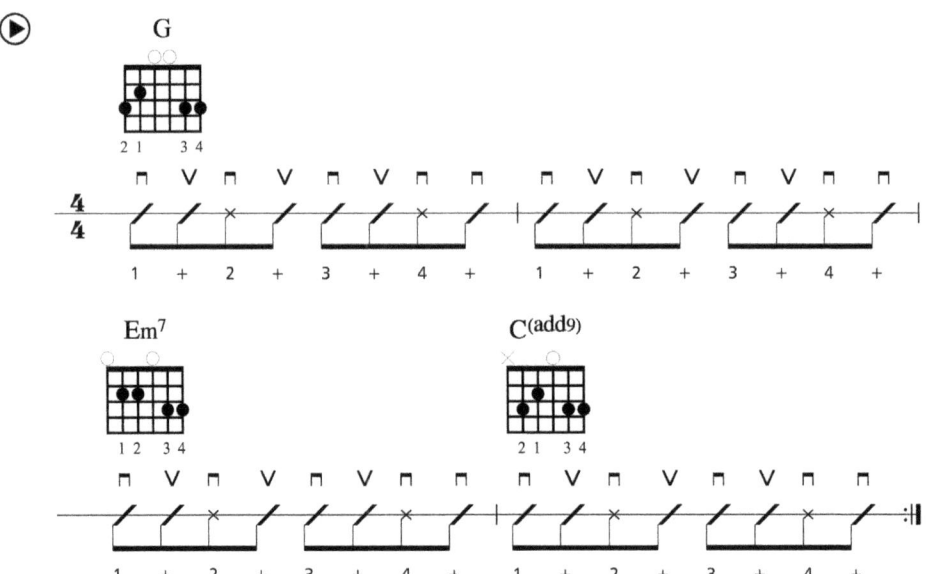

24. TYPISCHE SPIELTECHNIKEN

Die Gitarre kann sehr ausdrucksstark klingen und birgt in sich eine enorme Bandbreite an Klängen. Sie kann leise und zart singen, aber auch laut und aggressiv plärren. Das hängt zunächst davon ab, ob man die Saiten streichelt oder in die Saiten haut. Darüber hinaus hat die Gitarre ganz spezielle Möglichkeiten auf Lager, um Klang und Ausdruck zu prägen. Für Solo- und Melodiespiel sind diese Spieltechniken unablässlich.

Slide

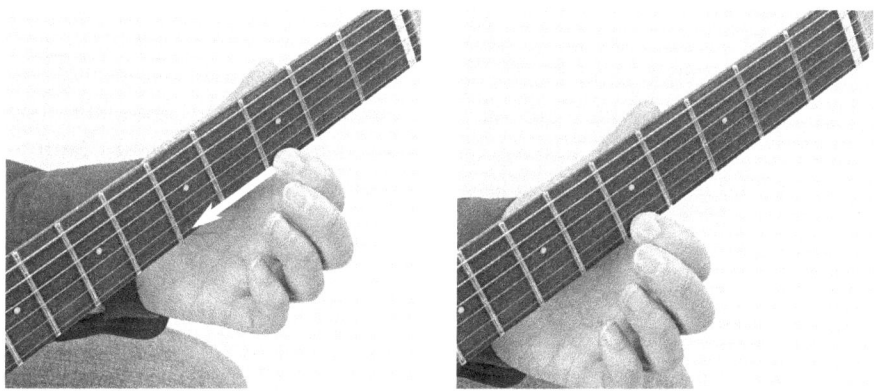

Eine **Slide** (engl., rutschen, schlittern) erzeugt einen weichen Übergang zwischen zwei Tönen. Der erste Ton wird angeschlagen (im Foto hohe E-Saite, dritter Bund). Dann rutscht der Finger, ohne den Greifdruck nachzulassen, an die neue Position (fünfter Bund). Die Saite schwingt weiterhin. Der zweite Ton wird nicht angeschlagen.

Beispiel

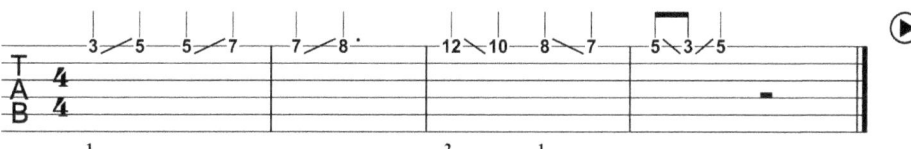

Hammer On

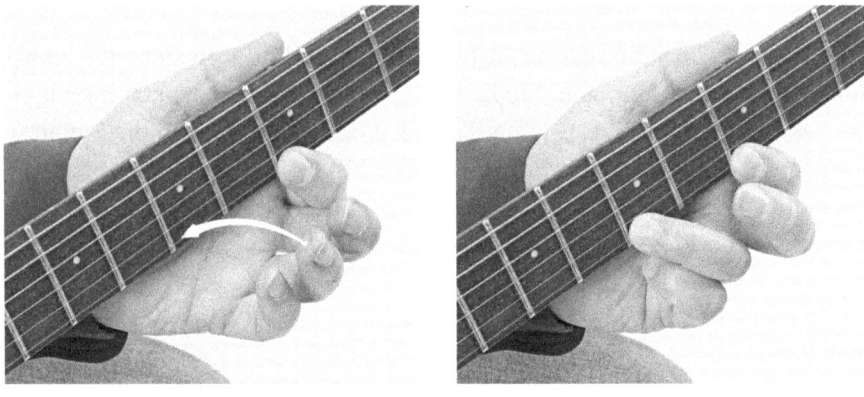

Ein **Hammer On** (engl., draufhämmern) schafft ebenfalls einen weicheren Übergang zwischen zwei Tönen. Der erste, tiefere Ton wird angeschlagen. Dann hämmert ein Finger die Saite auf den höheren Bund und bleibt dort gegriffen. Im Foto wird die hohe E-Saite am dritter Bund gespielt. Dann hämmert der Ringfinger die Saite auf den fünften Bund.

Beispiel 1

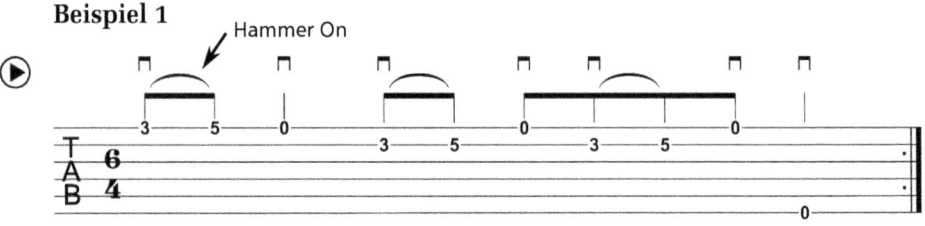

Beispiel 2

Hammer On funktioniert selbstverständlich auch mit mehreren Saiten gleichzeitig und bei Akkorden. In diesem Beispiel führen Mittel- und Ringfinger den Hammer On auf der D- und G-Saite aus.

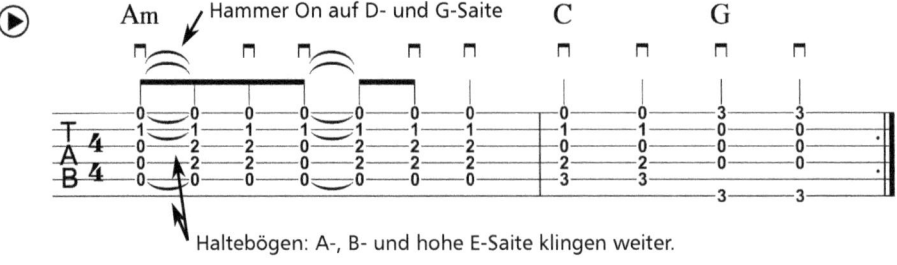

Haltebögen: A-, B- und hohe E-Saite klingen weiter.

Pull Off

Ein **Pull Off** (engl., abziehen) ist die Umkehrung zum Hammer On. Es führt also von einem höheren zu einem tieferen Ton. Im Foto greift der Ringfinger den ersten Ton (hohe E-Saite, fünfter Bund). Dahinter greift bereits der Zeigefinger den zweiten Ton (dritter Bund). Die Saite wird angeschlagen. Der Ringfinger verlässt seine Position, wobei die Fingerkuppe die Saite leicht anzupft. Nun erklingt der Ton, den der Zeigefinger greift. Da sich Hammer On (H) und Pull Off (P) gut ergänzen, werden diese Spieltechniken oft kombiniert.

Beispiel

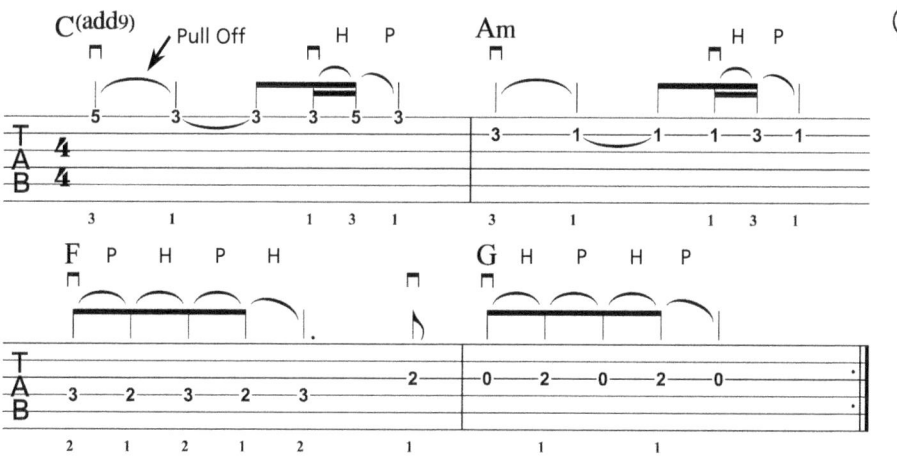

Bend und Release Bend

Ein **Bend** (engl., biegen, dehnen) erzeugt einen stufenlosen und damit den weichsten Übergang zwischen zwei Tönen. Im deutschen Sprachgebrauch taucht dafür auch der Begriff Saitenziehen auf, den ich aber für etwas irreführend halte. Die Saite wird quer zum Griffbrett gedehnt, dadurch erhöht sich die Saitenspannung und folglich der Ton. Im Foto greift der Ringfinger die hohe E-Saite am fünften Bund. Die Saite wird angeschlagen. Dann schiebt der Ringfinger die Saite quer zum Griffbrett, bis die gewünschte Tonhöhe erreicht ist. Mittel- und Zeigefinger unterstützen ihn dabei.

Lässt man die Saite wieder in ihre Ausgangslage zurück, spricht man von einem **Release Bend** oder auch Rebend (engl., lösen des Bends).

Beispiel

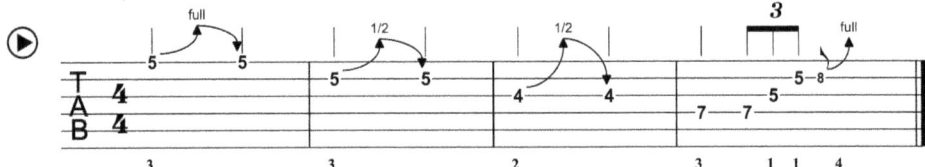

Pfeil nach oben, full: Bend um einen Ganztonschritt (entspricht zwei Bünden)
Pfeil nach oben, 1/2: Bend um einen Halbtonschritt (entspricht einem Bund)
Pfeil nach unten: Relase Bend

Vibrato

Ein **Vibrato** ist eine regelmäßige Änderung der Tonhöhe eines Tones. Das Wort „vibrieren" trifft den Vorgang also recht gut. Ein Vibrato hat zwei Merkmale: Die Stärke und die Geschwindigkeit, in der die Tonhöhe verändert wird. Bei großartigen Gitarristen kann man hören, wie das Vibrato die Töne regelrecht zum Leben erweckt.

Ein sehr zartes Vibrato entsteht, wenn die Fingerkuppe auf der Saite hin und her rollt. Diese Art des Vibratos wird zum Beispiel auch auf der Geige verwendet.

Diese Vibratotechnik ermöglicht alle Abstufungen: von sanft bis stark, von langsam bis schnell. Der Finger schiebt die Saite quer zum Griffbrett und lässt sie zurück in ihre Ausgangsposition. Dieser Vorgang läuft wiederholt ab. Für ein schnelles und starkes Vibrato vibriert die ganze Hand.

Beispiel

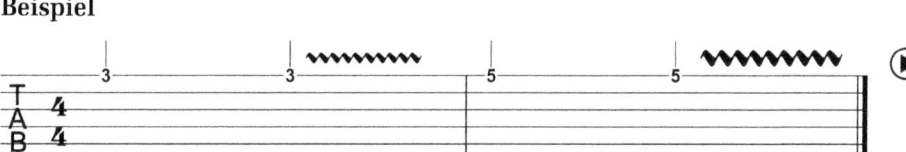

Alle Techniken zusammen

25. SPIELEN MIT KAPODASTER

Für den Einsatz des **Kapodasters** (kurz: Kapo, engl. **Capo**) gibt es vielfältige Gründe. Und seine Verwendung ist leichter, als vielleicht manch einer meint.

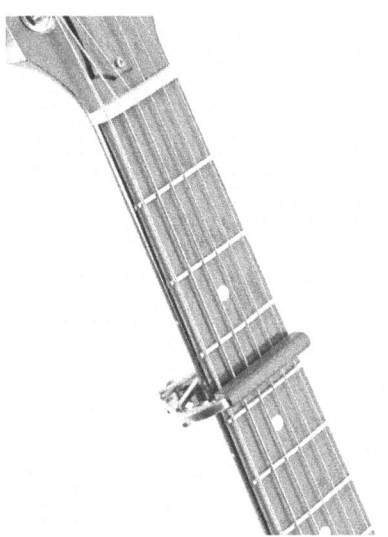

Die optimale Stelle für den Kapo ist nahe am Bundstäbchen und parallel dazu. Den Anpressdruck solltest du gerade so fest einstellen (falls das möglich ist), dass die Saiten nicht klirren oder scheppern. Ein zu starker Druck beeinträchtigt die Saitenstimmung.

- Mit dem Kapo kann man einen Song transponieren und so die Tonart beispielsweise an den Stimmumfang eines Sängers anpassen.
- Es gibt Songs, die für uns Gitarristen eine recht ungeschickte Tonart und in Folge viele Barrégriffe mitbringen. Durch überlegte Platzierung des Kapos kann man die Akkorde leicht durch bequemere Griffe ersetzen.
- Manchmal ist gerade der andere, frischere Gitarrenklang gefragt, der sich beim Einsatz des Kapos eröffnet.
- Spielen zwei Gitarren zusammen, die eine ohne und die andere mit Kapodaster, verweben sich die Klänge zu spannungsreichen Strukturen.

Gleiche Griffe → Unterschiedliche Tonart

Kapodaster-Tabelle

Bund	A	A#/Bb	B	C	C#/Db	D	D#/Eb	E	F	F#/Gb	G	G#/Ab
1	A#/Bb	B	C	C#/Db	D	D#/Eb	E	F	F#/Gb	G	G#/Ab	A
2	B	C	C#/Db	D	D#/Eb	E	F	F#/Gb	G	G#/Ab	A	A#/Bb
3	C	C#/Db	D	D#/Eb	E	F	F#/Gb	G	G#/Ab	A	A#/Bb	B
4	C#/Db	D	D#/Eb	E	F	F#/Gb	G	G#/Ab	A	A#/Bb	B	C
5	D	D#/Eb	E	F	F#/Gb	G	G#/Ab	A	A#/Bb	B	C	C#/Db
6	D#/Eb	E	F	F#/Gb	G	G#/Ab	A	A#/Bb	B	C	C#/Db	D
7	E	F	F#/Gb	G	G#/Ab	A	A#/Bb	B	C	C#/Db	D	D#/Eb
8	F	F#/Gb	G	G#/Ab	A	A#/Bb	B	C	C#/Db	D	D#/Eb	E
9	F#/Gb	G	G#/Ab	A	A#/Bb	B	C	C#/Db	D	D#/Eb	E	F
10	G	G#/Ab	A	A#/Bb	B	C	C#/Db	D	D#/Eb	E	F	F#/Gb
11	G#/Ab	A	A#/Bb	B	C	C#/Db	D	D#/Eb	E	F	F#/Gb	G
12	A	A#/Bb	B	C	C#/Db	D	D#/Eb	E	F	F#/Gb	G	G#/Ab

▷ Bund, an dem der Kapodaster befestigt ist
▽ Gespielter Akkordgriff
○ Klingender Akkord

Durch den Kapodaster erhöht sich automatisch die Tonart, wenn man die Griffe beibehält. Mit Hilfe der Tabelle kannst du für jeden Bund (Position des Kapos) den neuen, klingenden Akkord ermitteln.

Beispiel mit Kapo am 3. Bund

Der A-Akkordgriff klingt als C-Akkord.
Der D-Akkordgriff klingt als F-Akkord.
Der E-Akkordgriff klingt als G Akkord.
Der F#-Akkordgriff klingt als A-Akkord.

In gleicher Weise gilt das für alle Akkordtypen. Die Tabelle zeigt dir den Grundton des neuen Akkordes.

Ein Am-Akkordgriff klingt als Cm-Akkord.
Ein E maj7-Akkordgriff klingt als G maj7-Akkord.
Ein F#7-Akkordgriff klingt als A7 Akkord.

Gleiche Tonart → Unterschiedliche Griffe

Kapodaster-Tabelle

Bund	[A]	A#/Bb	B	[C]	C#/Db	D	D#/Eb	[E]	F	F#/Gb	[G]	G#/Ab
1	A#/Bb	B	C	C#/Db	D	D#/Eb	E	F	F#/Gb	G	G#/Ab	(A)
▷2	(B)	C	C#/Db	(D)	D#/Eb	E	F	(F#/Gb)	G	G#/Ab	(A)	A#/Bb
3	C	C#/Db	D	D#/Eb	E	F	F#/Gb	G	G#/Ab	(A)	A#/Bb	B
4	C#/Db	D	D#/Eb	E	F	F#/Gb	G	G#/Ab	(A)	A#/Bb	B	C
5	D	D#/Eb	E	F	F#/Gb	G	G#/Ab	(A)	A#/Bb	B	C	C#/Db
6	D#/Eb	E	F	F#/Gb	G	G#/Ab	(A)	A#/Bb	B	C	C#/Db	D
7	E	F	F#/Gb	G	G#/Ab	(A)	A#/Bb	B	C	C#/Db	D	D#/Eb
8	F	F#/Gb	G	G#/Ab	(A)	A#/Bb	B	C	C#/Db	D	D#/Eb	E
9	F#/Gb	G	G#/Ab	(A)	A#/Bb	B	C	C#/Db	D	D#/Eb	E	F
10	G	G#/Ab	(A)	A#/Bb	B	C	C#/Db	D	D#/Eb	E	F	F#/Gb
11	G#/Ab	(A)	A#/Bb	B	C	C#/Db	D	D#/Eb	E	F	F#/Gb	G
12	(A)	A#/Bb	B	C	C#/Db	D	D#/Eb	E	F	F#/Gb	G	G#/Ab

▷ Bund, an dem der Kapodaster befestigt ist
☐ Gespielter Akkordgriff
○ Klingender Akkord

Willst du die Tonart beibehalten, aber andere Griffe spielen, dann hilft dir ebenfalls die Tabelle.

Beispiel mit Kapo am 2. Bund

Ein Song beinhaltet die Akkorde A, D, F#m, Bm7

Erster Schritt
Du beginnst mit einem der Akkorde, zum Beispiel mit dem A-Akkord. Du suchst alle A in der Tabelle. Wie du siehst, sind gleiche Buchstaben diagonal angeordnet.

Zweiter Schritt
Du legst eine Kapo-Position fest, zum Beispiel den 2. Bund.

Dritter Schritt
Du gehst vom A in Zeile 2 (2. Bund) in die oberste Zeile. Dort findest du das G. Wenn du den Akkordgriff G spielst, erklingt der Akkord A.

Für jeden weiteren Akkord wiederholst den dritten Schritt.

Du gehst also von D in Zeile 2 in die oberste Zeile und findest den Akkordgriff C. Wenn du den Akkordgriff C spielst, erklingt der Akkord D.
Damit der Akkord F#(m) erklingt, spielst du einen E(m)-Griff.
Damit der B(m7) erklingt, spielst du einen A(m7) Griff.

26. DER LERNERFOLG

Lernerfolg = Talent x Übung

Der Lernerfolg ist das Produkt aus Talent (Begabung) und Übung. Ist einer der beiden Faktoren Null, ist auch das Ergebnis Null; denn irgendetwas mal Null bleibt Null. Am Talent, mit dem du ausgestattet bist, kannst du nichts verbessern. Somit hängt dein Lernerfolg allein an der Übung. Wird von üben gesprochen, denkt mancher an schweißtreibendes Wiederholen oder langweiliges Einpauken. Das kann dazugehören. Aber üben, so wie ich es verstehe, hat einen anderen Charakter. Sobald du die Gitarre in die Hand nimmst und etwas spielst, ist das üben. Je öfter du das machst, desto geläufiger und alltäglicher wird das Gitarrespielen für dich. Vor allem geht es doch darum, dass du gern und mit Leidenschaft spielst und dadurch dich und andere immer wieder mit der Freude an der Musik beschenkst. Die folgenden Tipps möchten dir dabei helfen.

Übe regelmäßig
Besser ist es, jeden Tag zum Beispiel fünfzehn Minuten zu spielen, als ein Mal in der Woche zwei Stunden. Die Regelmäßigkeit ist entscheidend.

Altes und Neues
Wenn du die Gitarre zur Hand nimmst, spiele etwas, was du schon kannst und was dir Spaß macht. Dann erst übe an etwas Neuem. Schließe mit einem Stück ab, das du ebenfalls bereits beherrscht.

Sei geduldig mit dir
Es wird Dinge geben, die dir leichter fallen und andere, die dir Mühe bereiten. Das ist normal. Gib dir und deinen Händen einfach Zeit. Achte nicht zu sehr auf Details, die noch nicht funktionieren, sondern freue dich immer an dem, was du schon kannst.

Langsam ist schnell
Es klingt paradox: Je langsamer du neue Dinge auf der Gitarre angehst, desto schneller wirst du sie können. Beginne beim Einüben von Neuem

so langsam wie möglich. Achte auf jeden einzelnen Ton, auf jede Fingerbewegung. Optimiere und verinnerliche den Bewegungsablauf. Schließe die Augen und vertraue deinen Händen. Steigere erst allmählich das Tempo.

Lerne in Abschnitten
Zerlege ein Musikstück in Teile. Lieder zum Beispiel in Intro, Strophe, Refrain. Jeden Teil kannst du wiederum in kleinere Abschnitte aufteilen, zum Beispiel in Abschnitte von vier oder zwei Takten. Übe diese Abschnitte Schritt für Schritt und setze sie dann wieder zu den größeren Einheiten zusammen.

Auswendig
Lerne alles auswendig zu spielen. Die Stücke werden so zu einem Teil von dir. Die Musik wird persönlicher und wirkt auf die Zuhörer echter und bewegender.

Wiederholung
Spiele dein Repertoire (das sind die Stücke, die du bereits beherrschst) immer wieder durch. Das beugt dem Vergessen vor und du kannst die Stücke weiter verfeinern.

Öffne deine Ohren
Höre Gitarrenmusik. Dabei lernen deine Ohren, wie Gitarren klingen können. Das wird sich langfristig auf dein eigenes Spiel auswirken.

Öffne deine Augen
Schau dir von anderen Gitarristen ab, wie sie spielen. Wie sie ihre Hände und Finger einsetzen. Lerne von den Besten. Dank Internet und Youtube ist das heute einfacher möglich als jemals zuvor.

Gemeinschaft
Nutze Möglichkeiten, mit anderen zusammenzuspielen. Musik verbindet und macht in der Gruppe unglaublich viel Spaß. Auch wirst du dabei viel Neues lernen.

Teil IV ÜBERSICHTEN

27. DAS GRIFFDIAGRAMM

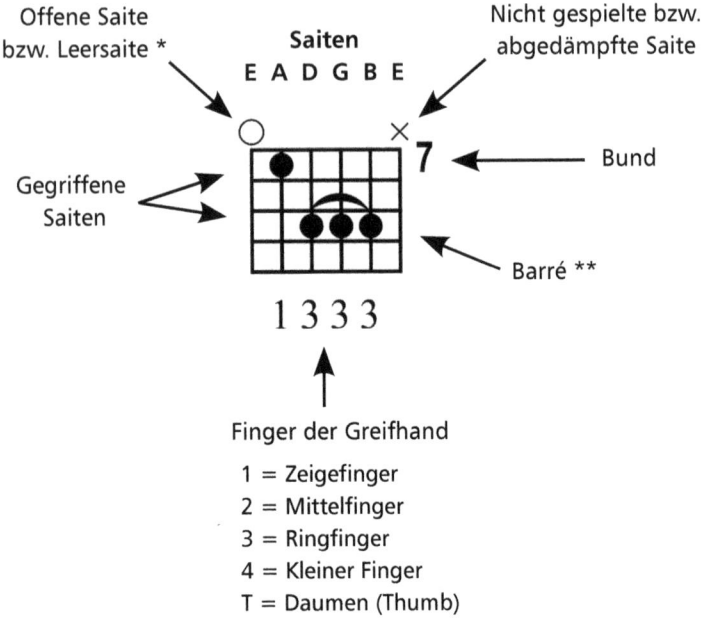

Das Griffdiagramm stellt einen Ausschnitt des Griffbretts dar, so wie wenn man den Gitarrenhals senkrecht vor sich halten würde. Die tiefe E-Saite ist links, die hohe E-Saite rechts. Aus dem Griffdiagramm kann man alle nötigen Informationen entnehmen:
- Welche Saiten sind an welchem Bund und mit welchem Finger zu greifen?
- Welche Saiten sind nicht beteiligt? Sie werden nicht angeschlagen und/oder abgedämpft. (x)
- Welche Saiten schwingen als offene Saiten/Leersaiten? (O)

* **Offene Saite** oder **Leersaite** nennt man eine nicht gegriffene Saite. Bei einem ** **Barrégriff** (kurz **Barré**, frz. quergelegt) drückt ein Finger gleichzeitig mehrere Saiten herunter (siehe F#m auf der Seite gegenüber).

Beispiele

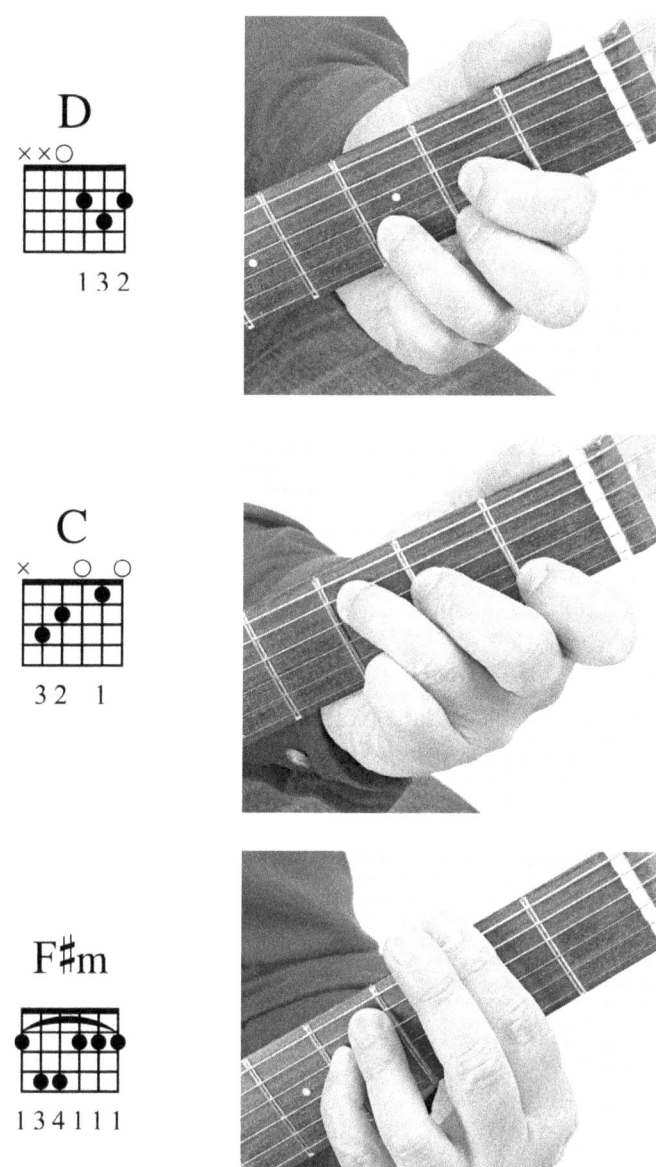

D
× × O
1 3 2

C
× O O
3 2   1

F#m
1 3 4 1 1 1

Weitere Griffe findest du unter
DIE WICHTIGSTEN AKKORDGRIFFE.

28. DIE WICHTIGSTEN AKKORDGRIFFE

Auf den folgenden Seiten sind die wichtigsten Akkordgriffe zusammengestellt. Am Anfang deiner Gitarrenkarriere kannst du zunächst alle Akkord-Erweiterungen getrost ignorieren. Konzentriere dich auf die Dreiklänge. Die meisten Lieder lassen sich damit wunderbar spielen. Zum Beispiel: Statt G7 spiele einfach G, statt Amaj7 spiele A usw. Was es übrigens mit diesen Akkordbezeichnungen auf sich hat, wird im Kapitel **AKKORD UND AKKORDSYMBOL** erklärt.

Akkordgriff-Familien

Open Chords
Open Chords („offene Akkorde") sind Akkordgriffe, die Leersaiten (offene Saiten) beinhalten.

Lagerfeuerakkorde
Einfache Akkordgriffe (meist Dreiklänge) innerhalb der ersten drei Bünde werden auch als Lagerfeuerakkorde bezeichnet. Es sind diejenigen Open Chords, die besonders leicht zu lernen sind und mit denen man mühelos unzählige Lieder und Hits begleiten kann (auch, aber nicht nur am Lagerfeuer).

Barrégriffe
Legt sich ein Finger quer über mehrere Saiten, spricht man von einem Barré (französisch, quergelegt). Ein typisches Beispiel für einen Barrégriff ist der F-Akkordgriff.

Powerchords
Powerchords bestehen aus nur zwei verschiedenen Tönen, dem Grundton und der Quinte. Beispiele: A5, E5

A

A

A^{sus2}

A^{sus4}

A^5

A^7

A^{7sus4}

A^{maj7}

Am

Am^7

B♭

B♭

$B♭^5$

B♭m

B

B

B^{sus4}

B^5

B^7

Bm

Bm^7

C

C

C^{sus2}

C^{sus4}

C^5

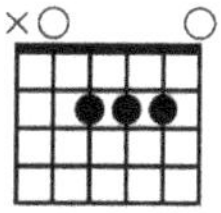

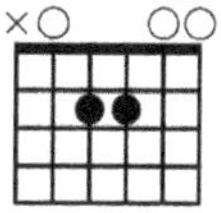

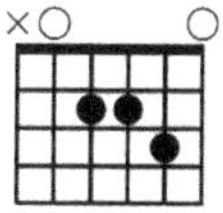

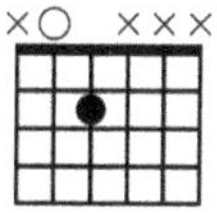

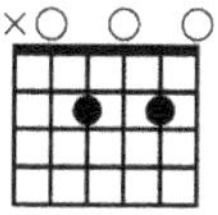

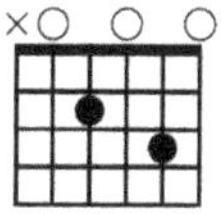

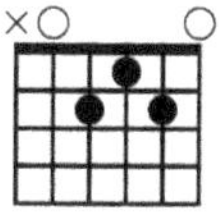

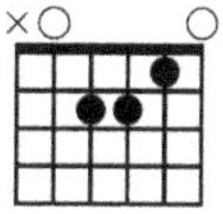

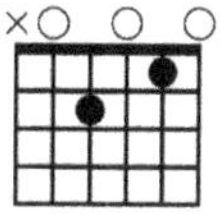

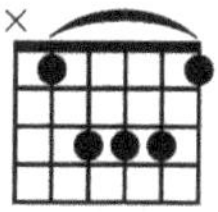

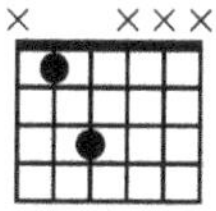

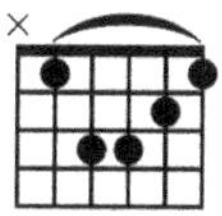

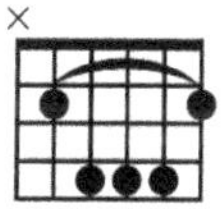

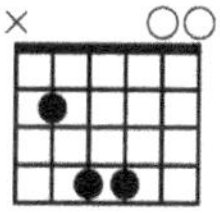

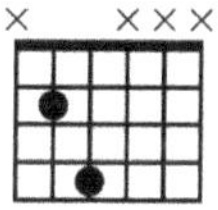

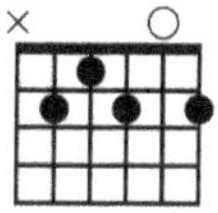

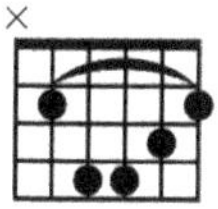

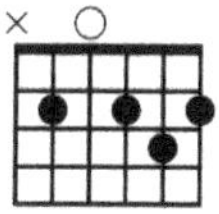

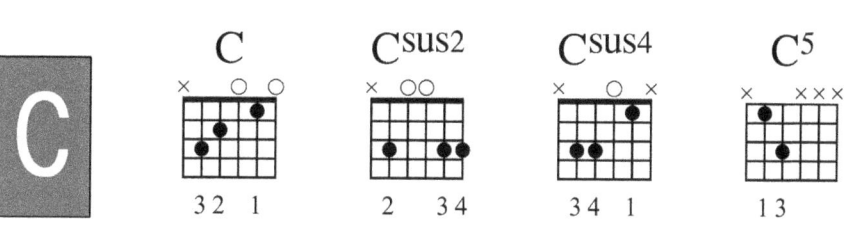

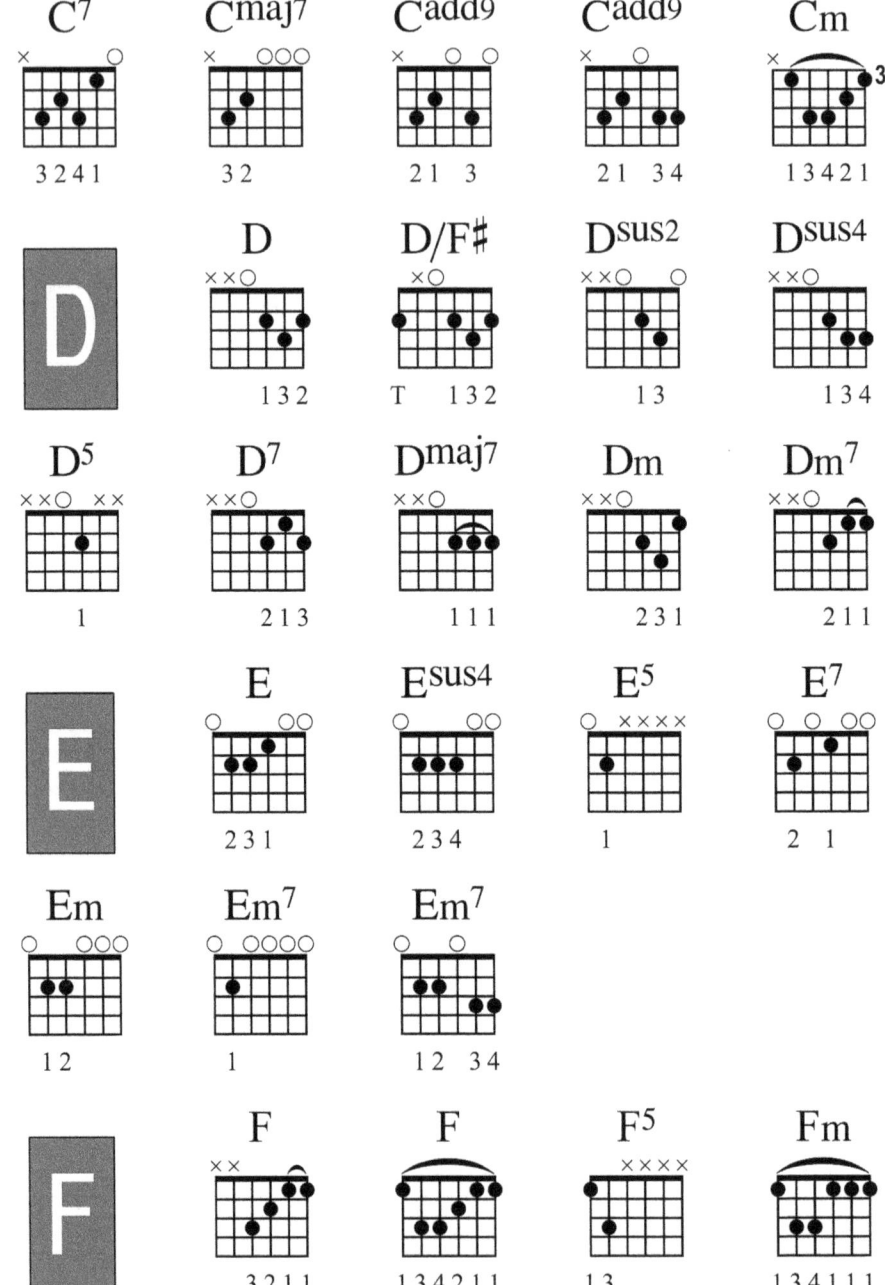

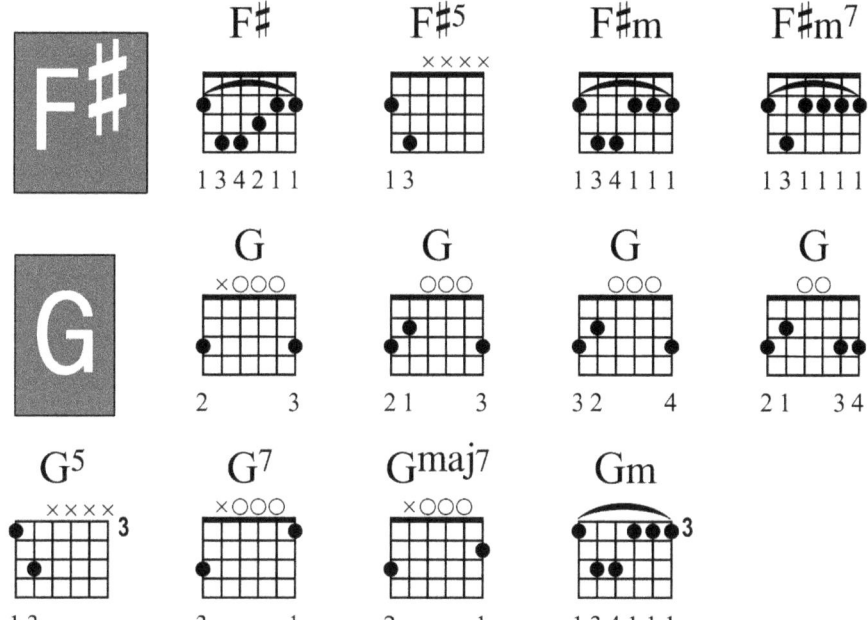

AKKORDE GRIFFBEREIT
Über 2500 Akkordgriffe. Open Chords, Powerchords, Barrégriffe. Handverlesen, übersichtlich gegliedert, sofort einsetzbar. Für alle Tonarten und jede Stilistik. Gehört in jede Gitarrentasche. Erhältlich über www.bbmusic.de/shop/ oder jede Buchhandlung

29. DIE WICHTIGSTEN SCHLAGMUSTER

Oft bestreitet die Gitarre ganze Abschnitte (manchmal ein ganzes Lied) mit ein und dem selben Rhythmus – gerade wenn es um Akkordbegleitung geht. Einen solchen gleichbleibenden Rhythmus nennt man **Schlagmuster** (engl. Rhythm Pattern). In der Rhythmusnotation lässt sich ein Schlagmuster schnell und einfach aufschreiben.

Rhythmusnotation

Die Rhythmusnotation leitet sich aus der Standardnotation ab. Da es nicht um Tonhöhen geht, sondern einzig um Anschläge und Pausen, können Notenlinien entfallen. Die Notenköpfe werden als Striche und Vierecke dargestellt.

	Viertel	Halbe	Ganze	Achtel
Noten in der Standardnotation	♩	♩	o	♪ ♫
Noten in der Rhythmusnotation	/	◊	◊	♪ //
Pausen	𝄽	▬	▬	𝄾

Beispiel (Passend zu „Knockin' On Heavens Door")

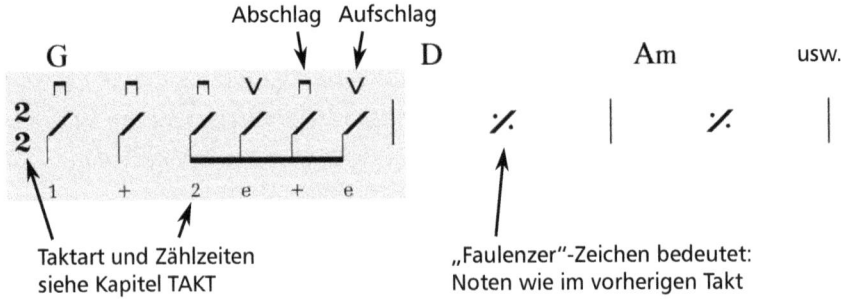

Taktart und Zählzeiten
siehe Kapitel TAKT

„Faulenzer"-Zeichen bedeutet:
Noten wie im vorherigen Takt

Schlagmuster im 4/4 Takt

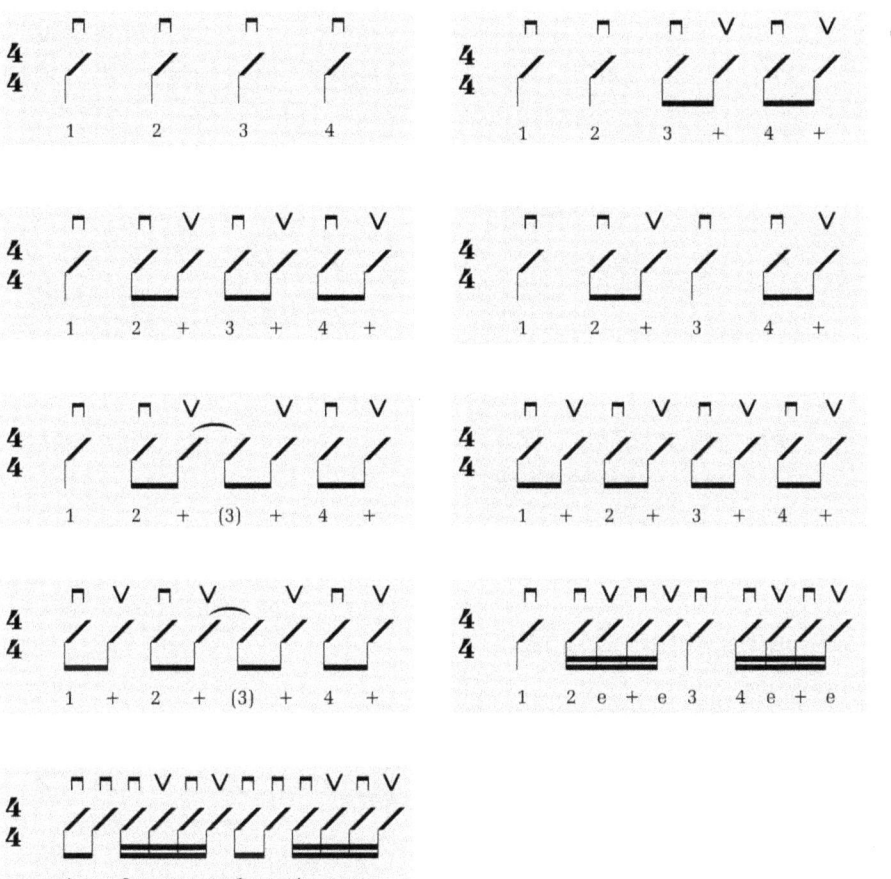

Schlagmuster im 2/2 Takt

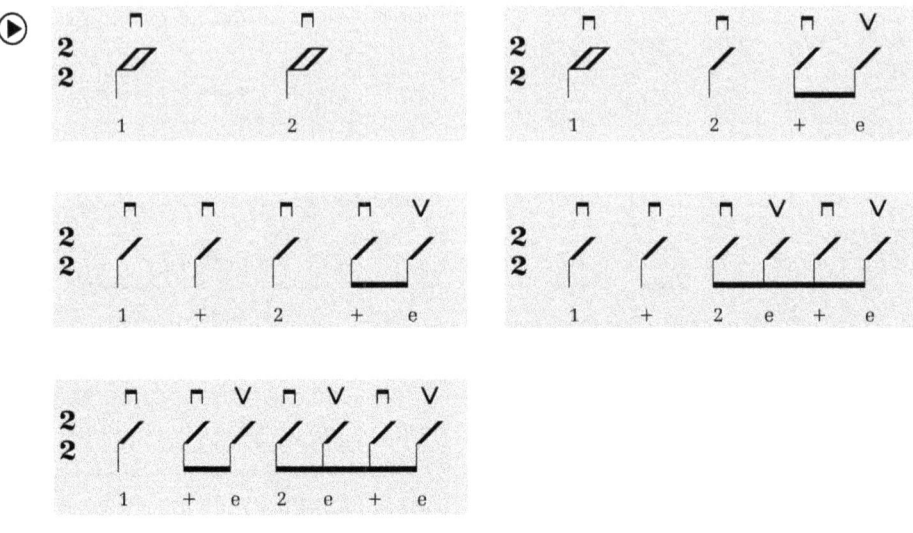

Schlagmuster im 3/4 Takt

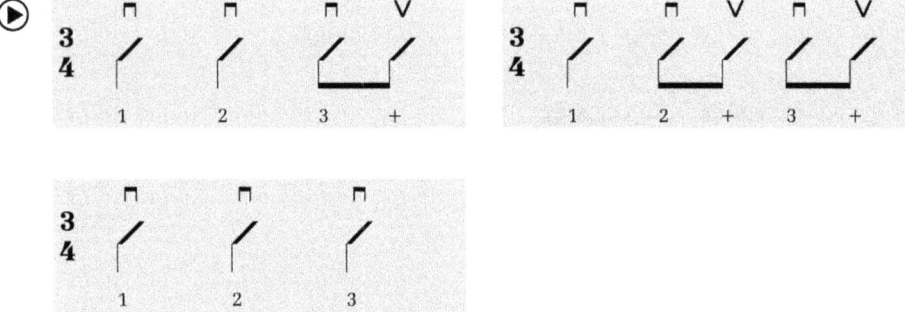

Schlagmuster im 6/8 Takt

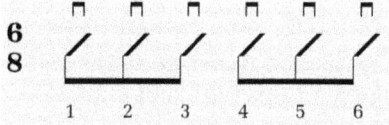 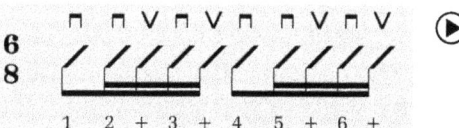

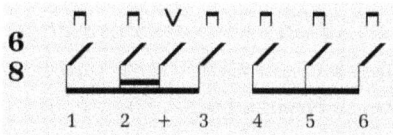

30. DIE WICHTIGSTEN ZUPFMUSTER

Will man einen Song etwas feinfühliger begleiten als die Akkorde anzuschlagen (siehe DIE WICHTIGSTEN SCHLAGMUSTER), kann man die Akkordtöne nacheinander anzupfen. Dies nennt man auch **Arpeggio** (ital., in der Art der Harfe). Das Schema, nach dem die Finger die Saiten anzupfen, wird als **Zupfmuster** bezeichnet (engl. Picking Pattern oder Fingerstyle Pattern).
Die Zupfmuster habe ich praxistauglich an Akkordfolgen demonstriert. Diese Pattern dienen als Ausgangsbasis und können vielfältig variiert und erweitert werden, wobei der Kreativität kaum Grenzen gesetzt sind.

Zupfmuster mit drei Fingern (pim)
Daumen (p), Zeigefinger (i) und Mittelfinger (m) zupfen die Saiten an.

Zupfmuster pim 1

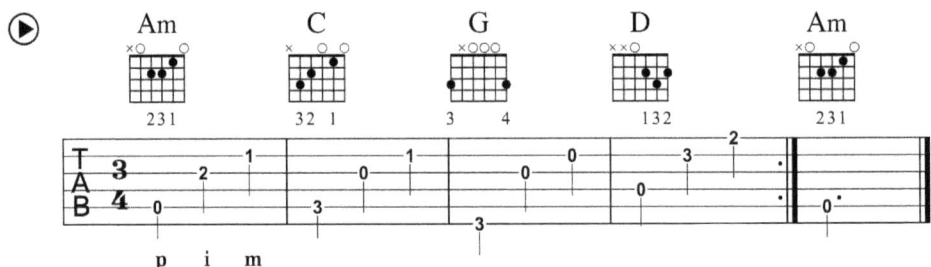

Zupfmuster pim 2

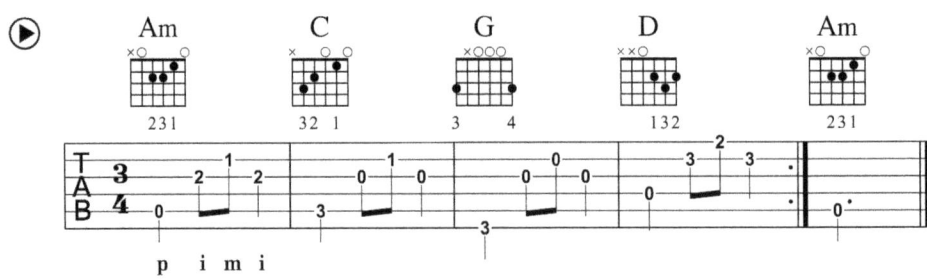

Zupfmuster pim 3

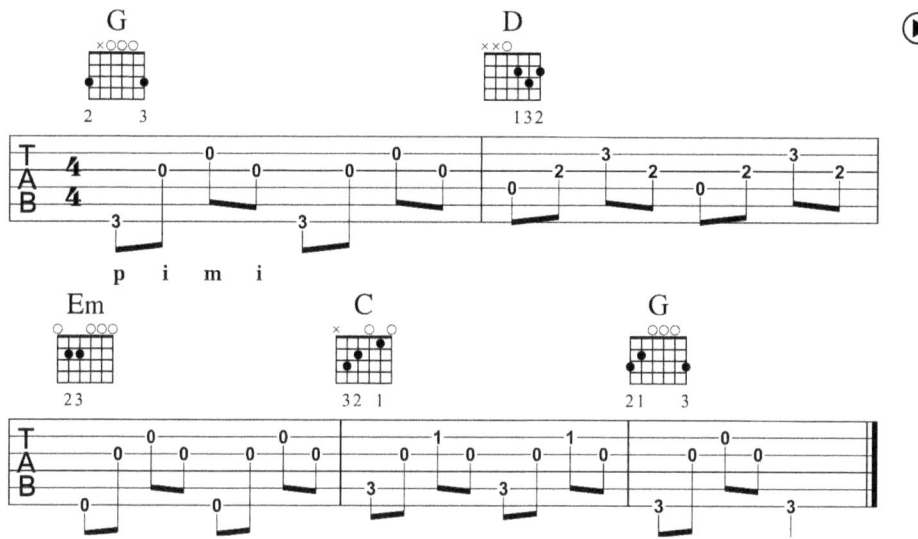

Zupfmuster pim 4 (Variante zu 3)

Der Daumen bedient bei jedem Akkord zwei Saiten.

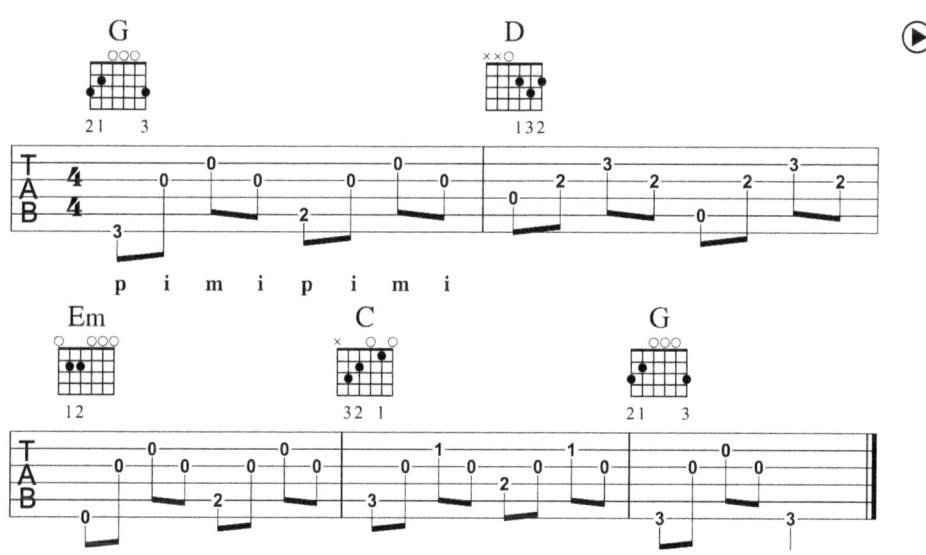

Zupfmuster pim 5

Wie bei Zupfmuster 4 bedient der Daumen bei jedem Akkord zwei Saiten. Zusätzlich zupfen Zeige- und Mittelfinger im ersten Teil jedes Taktes Sechzehntelnoten.

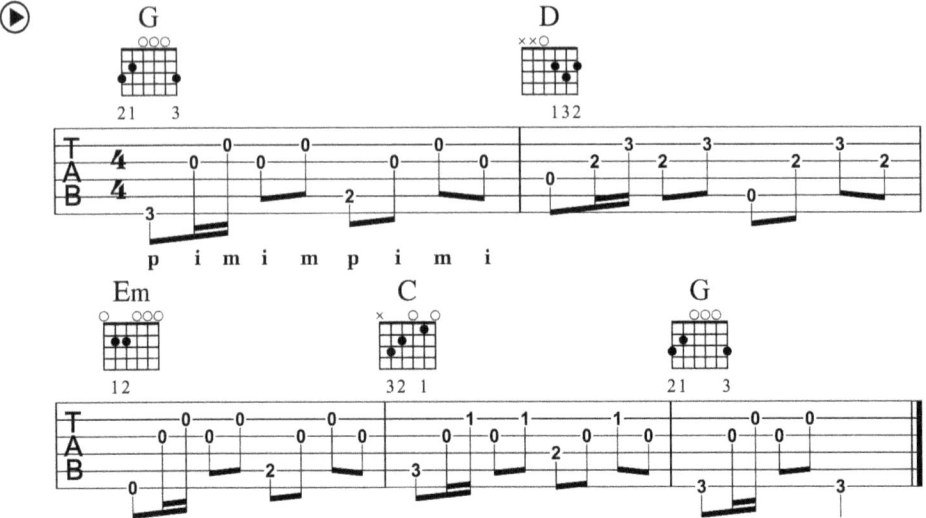

Zupfmuster pim 6

Der Mittelfinger kommt im Ablauf vor dem Zeigefinger.

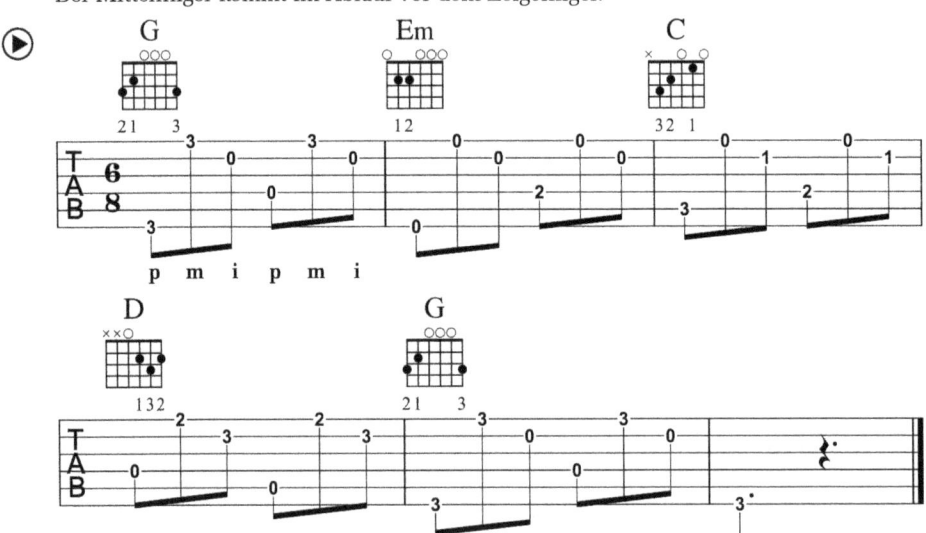

Zupfmuster pim 7

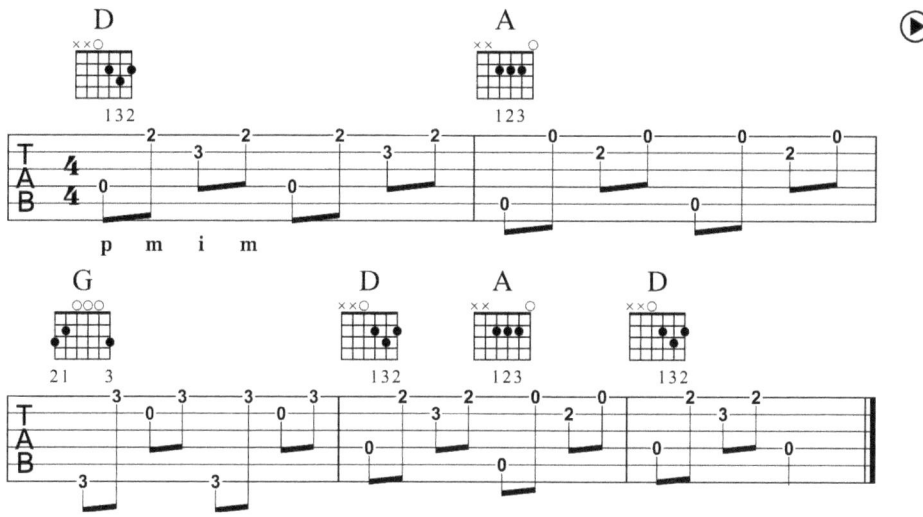

Zupfmuster pim 8

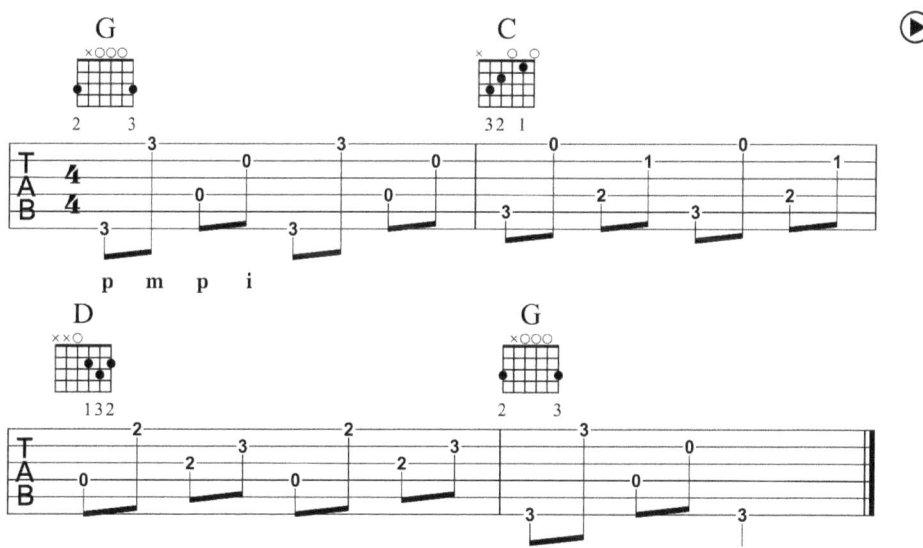

Zupfmuster pim 9

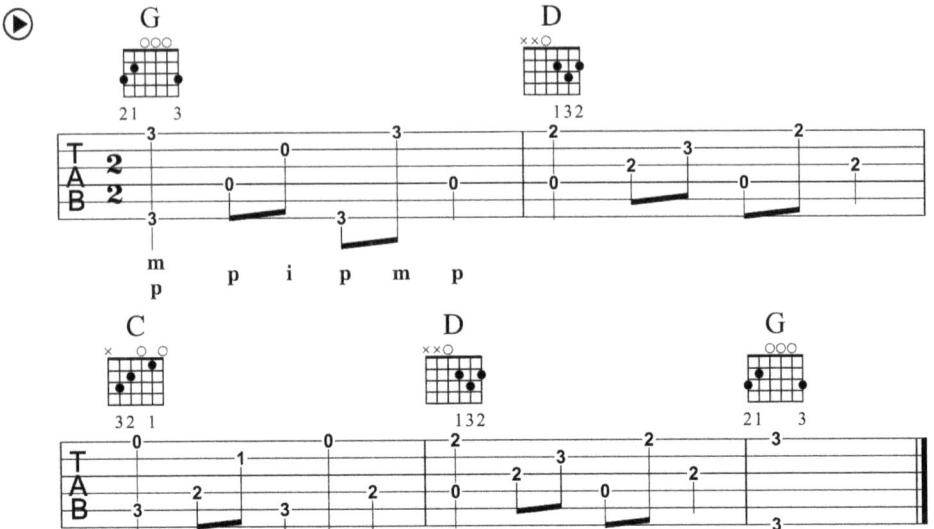

Zupfmuster pim 10

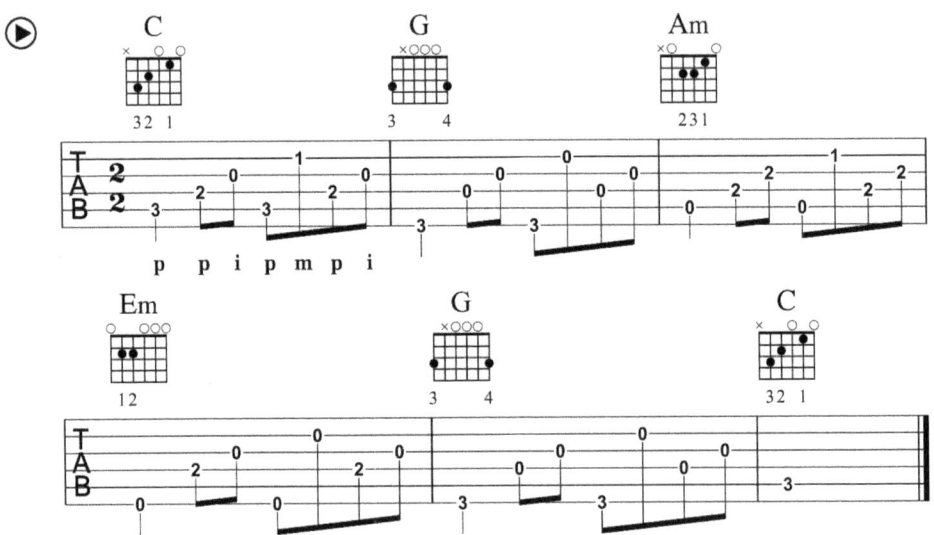

Zupfmuster mit vier Fingern (pima)

Daumen (p), Zeigefinger (i), Mittelfinger (m) und Ringfinger (a) zupfen die Saiten an.

Zupfmuster pima 1

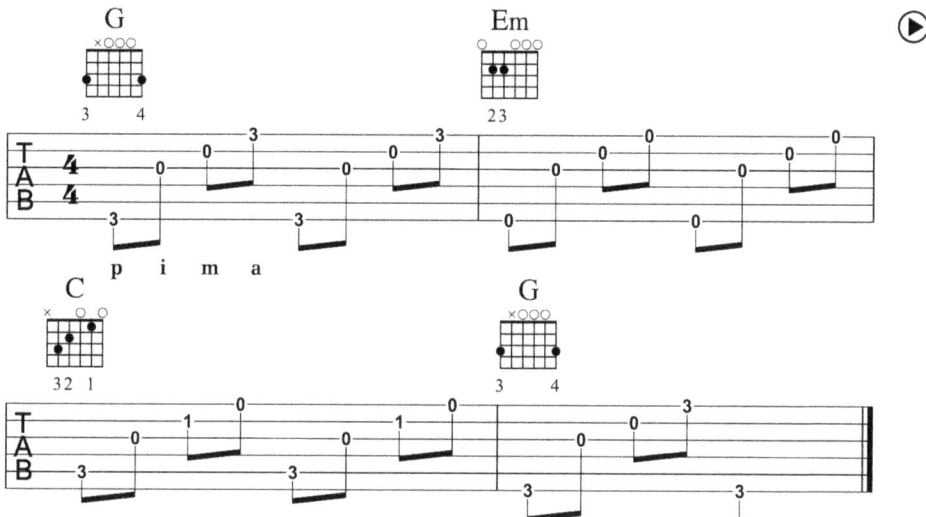

Zupfmuster pima 2

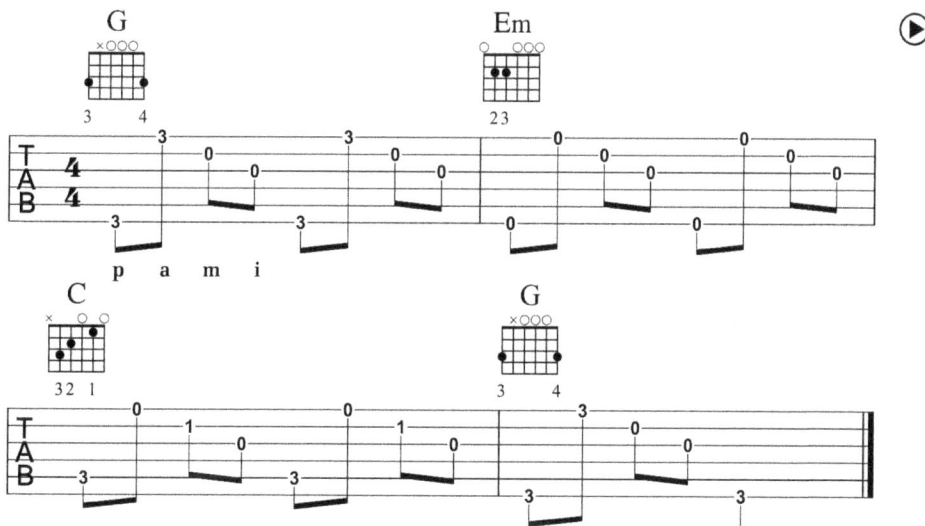

Zupfmuster pima 3

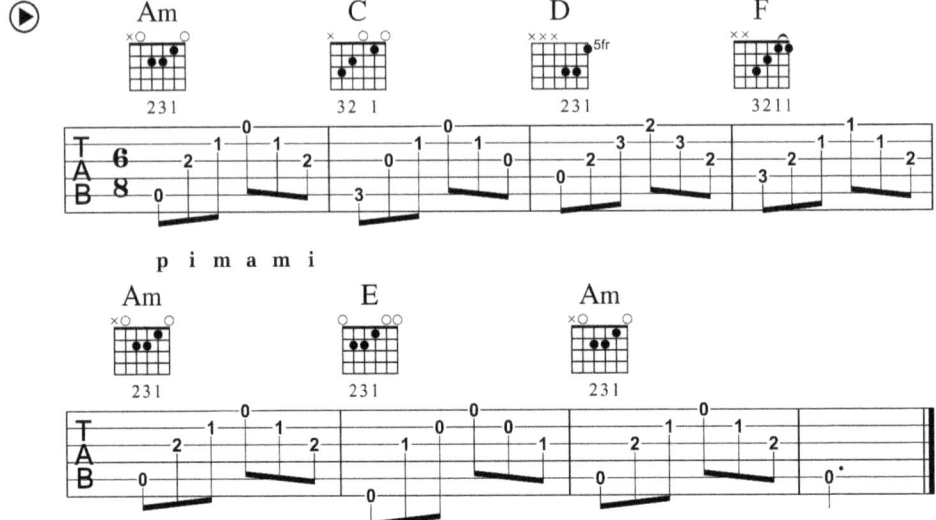

Zupfmuster pima 4

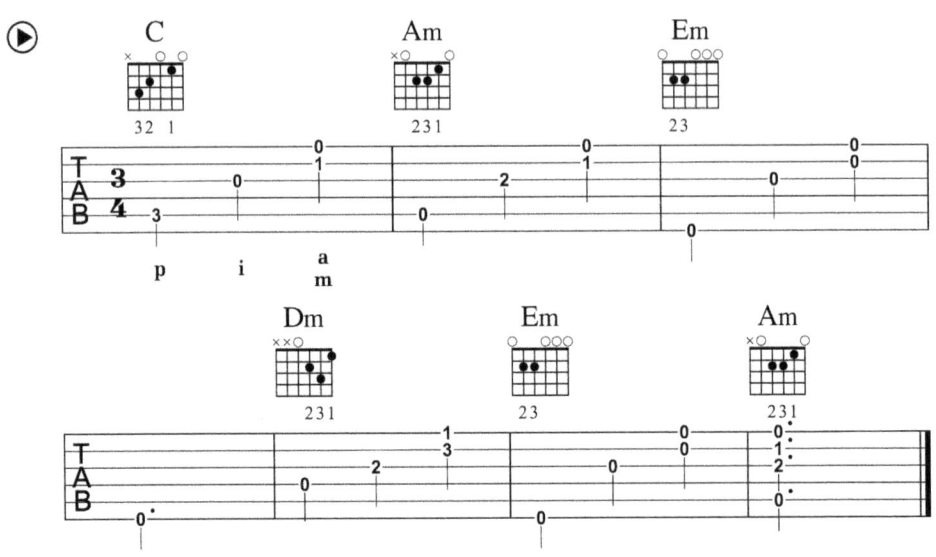

Zupfmuster pima 5

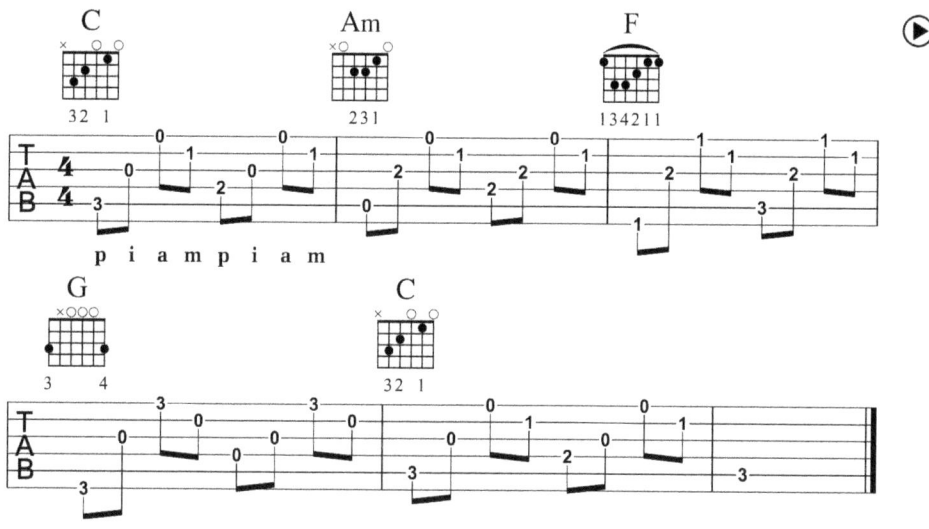

Zupfmuster pima 6

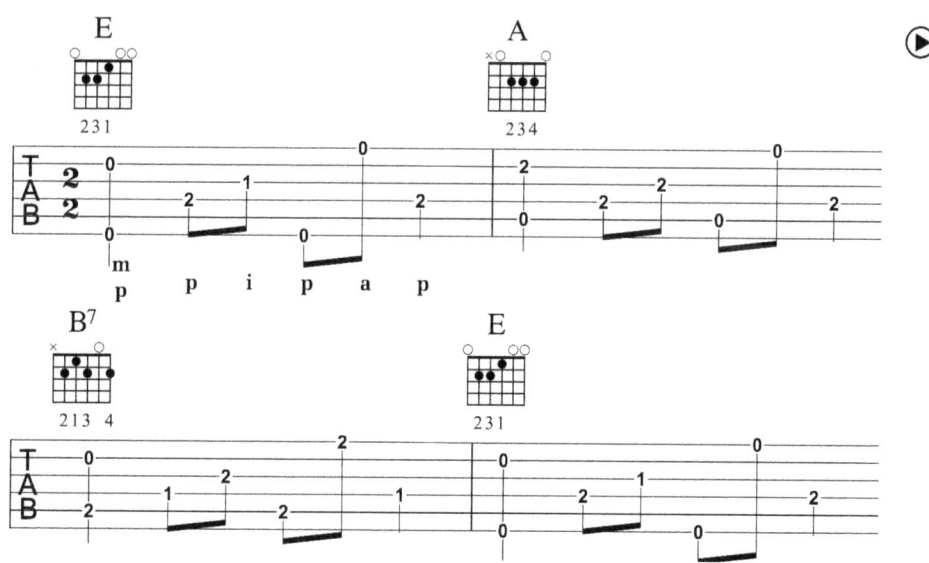

Zupfmuster pima 7

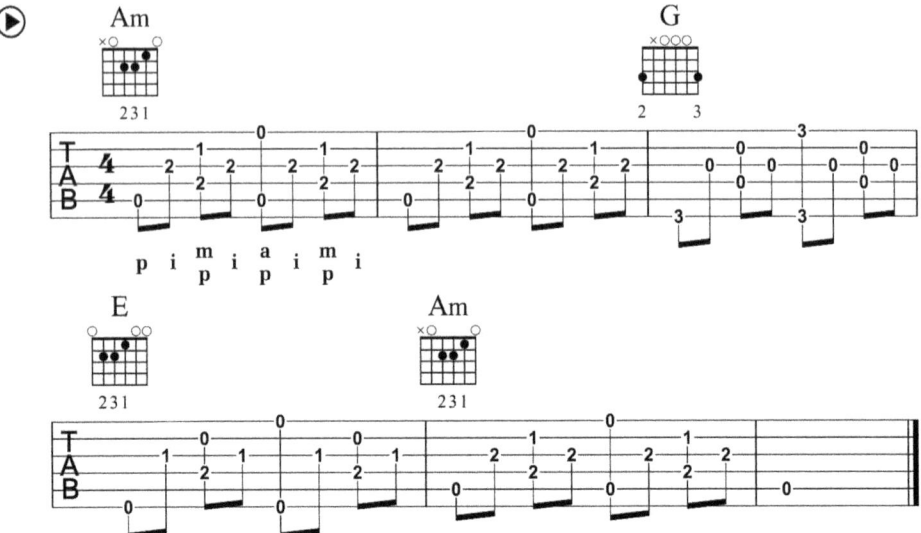

31. DIE STAMMTÖNE AUF DEM GRIFFBRETT

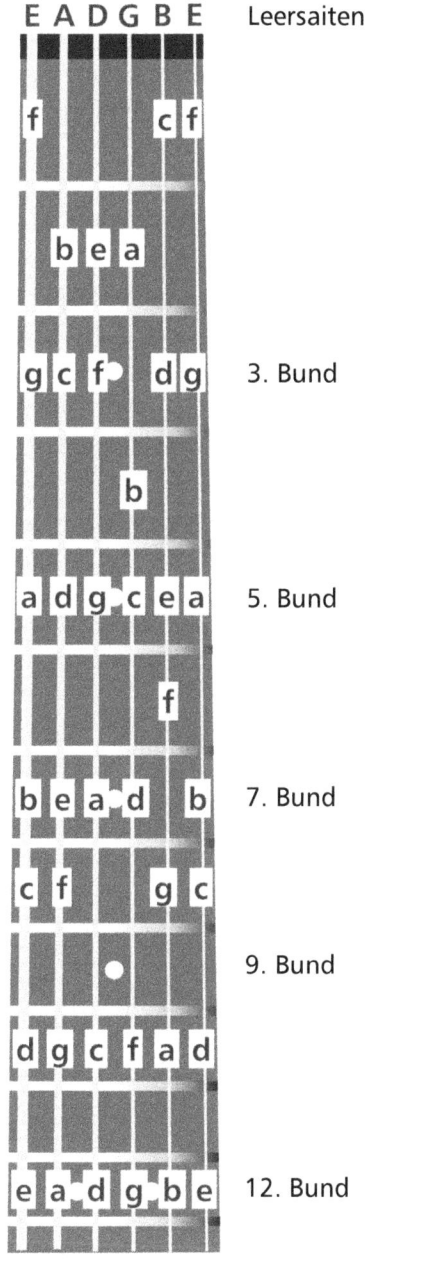

32. BEDEUTENDE STÜCKE FÜR GITARRE

Eines der wichtigsten Dinge, wenn die Gitarre dein Instrument ist, liegt eigentlich auf der Hand: Höre Musik, in denen Gitarren spielen. Höre den besten Gitarristen zu und erlebe die Sternstunden ihrer Kunst.

Die nachfolgend aufgelisteten Stücke der populären Musik stellen eine sehr subjektive Auswahl dar. Man könnte also einwenden, dieser oder jener Song hätte auch aufgelistet werden sollen. Aber um Vollständigkeit – falls sie überhaupt möglich wäre – geht es nicht. Es geht mir um das Besondere, Bedeutende, Einzigartige, um Wegweisendes und Zeitlosigkeit. Und davon hat jedes dieser Stücke etwas zu bieten, sei es im Hinblick auf Spieltechnik, Sound, Kraft und Gefühl. Höre, was möglich ist. Lass dich inspirieren. Und finde heraus, wohin dein Gitarristenherz dich zieht.

Stücke für Akustikgitarre

* Ain't No Sunshine – Bill Withers
* Angie – The Rolling Stones
* Another Lonely Day – Ben Harper
* Beatles Medley (Instrumental) – Tommy Emmanuel
* Better Together – Jack Johnson
* Big Yellow Taxi – Joni Mitchell
* Blowin' In The Wind – Bob Dylan
* Blue In You – Friend 'N Fellow
* Bonfire Heart – James Blunt
* Budapest – George Esra
* Classical Gas (Instrumental) – Mason Williams
* Daughters – John Mayer
* Desperado – Johnny Cash
* Dust In The Wind – Kansas
* Fast Car – Tracy Chapman
* Fire And Rain – James Taylor
* Free Fallin' – Tom Petty

* Friends In Low Places – Garth Brooks
* Give A Little Bit – Supertramp
* Good Riddance (Time Of Your Life) – Green Day
* Gute Nacht, Freunde – Reinhard Mey
* Heart Of Gold – Neil Young
* Horizons (Instrumental) – Genesis
* Horse With No Name – America
* Hotel California – The Eagles
* Hurt – Johnny Cash
* I'm Yours – Jason Mraz
* Knockin' On Heaven's Door – Bob Dylan
* Layla (Unplugged) – Eric Clapton
* Marlene On The Wall – Suzanne Vega
* Mediterranean Sundance (Instrumental) – Paco de Lucia, John McLaughlin, Al Di Meola
* More Than Words – Extreme
* Redemption Song – Bob Marley
* Riptide – Vance Joy
* Runaway Train – Soul Asylum
* She Talks To Angels – Black Crowes
* Solsbury Hill – Peter Gabriel
* Take Me Home Country Roads – John Denver
* Tall Fidler (Instrumental) – Tommy Emmanuel
* Tears In Heaven – Eric Clapton
* The Boxer – Simon & Garfunkel
* The Joker – Steve Miller Band
* The Long Way Round – Dixie Chicks
* Thicker Than Blood – Garth Brooks
* Through The Barricades – Spandau Ballet
* To Be With You – Mr. Big
* Über Den Wolken – Reinhard Mey
* Under The Bridge (Acoustic Version) – Red Hot Chili Peppers
* Volare – Gipsy Kings
* Wake Me Up When September Ends – Greenday
* Wide Open Spaces – Dixie Chicks

* Wild World – Cat Stevens
* Wish You Were Here – Pink Floyd
* Wonderwall – Oasis
* Yellow (Acoustic Version) – Coldplay
* You've Got A Friend – James Taylor

Stücke für E-Gitarre

* All Right Now – Free
* American Girl – Tom Petty And The Heartbreakers
* Are You Gonna Go My Way – Lenny Kravitz
* Black Magic Woman – Santana
* Born To Run – Bruce Springsteen
* Born Under A Bad Sign – Albert King
* Boulevard Of Broken Dreams – Green Day
* Brown Sugar – Rolling Stones
* Californication – Red Hot Chili Peppers
* Cold Shot – Stevie Ray Vaughan
* Crazy Train – Ozzy Osbourne
* Creep – Radiohead
* Crossroads – Cream
* Enter Sandman – Metallica
* Eruption – Van Halen
* Everlong – Foo Fighters
* Every Breath You Take – The Police
* Gravity – John Mayer
* Hey Joe – Jimi Hendrix
* Highway To Hell – AC/DC
* Hold The Line – Toto
* How You Remind Me – Nickelback
* I Still Haven't Found What I'm Looking For – U2
* I Want It All – Queen
* Johnny B. Goode – Chuck Berry

* La Grange – ZZ Top
* Layla – Derek And The Dominos
* Little Wing – Jimi Hendrix
* London Calling – The Clash
* Master Of Puppets – Metallica
* Miserlou – Dick Dale
* Money – Pink Floyd
* Money For Nothing – Dire Straits
* Neon – John Mayer
* Owner Of A Lonely Heart – Yes
* Panama – Van Halen
* Pride – U2
* Purple Haze – Jimi Hendrix
* Purple Rain – Prince
* Samba Pa Ti – Santana
* Say It Ain't So – Weezer
* Smells Like Teen Spirit – Nirvana
* Smoke On The Water – Deep Purple
* Stairway To Heaven – Led Zeppelin
* Still Got The Blues – Gary Moore
* Sultans Of Swing – Dire Straits
* Sunday, Bloody Sunday – U2
* Sweet Home Alabama – Lynyrd Skynyrd
* Texas Flood – Stevie Ray Vaughan
* The Ballad Of John Henry – Joe Bonamassa
* The Thrill Is Gone – B.B. King
* Under The Bridge – Red Hot Chili Peppers
* Walk This Way – Aerosmith
* While My Guitar Gently Weeps – The Beatles
* Whole Lotta Love – Led Zeppelin
* You Really Got Me – The Kinks

Stücke für Konzertgitarre / Klassische Gitarre

Hier eine kleine Auswahl von Stücken für die Konzertgitarre. Angeführt sind die Namen der Komponisten. Interpreten und Aufnahmen finden sich zahlreich, wobei es äußerst interessant und aufschlussreich ist, verschiedene Interpretationen miteinander zu vergleichen.

* Adelita – Francisco Tárrega
* Asturias (Leyenda) – Issac Albéniz
* Bourrée In E-Moll (Bwv 996) – Johann Sebastian Bach
* Cavatina – Stanley Myer
* Chôro No. 1 – Heitor Villa-Lobos
* Concerto De Aranjuez – Joaquin Rodrigo
* Fandanguillo – Joaquín Turina
* Fantasia No. 10 – Alonso Mudarra
* Gran Vals (The Nokia Tune) – Francisco Tárrega
* Introduction And Variations On A Theme by Mozart Op 9 – Fernando Sor
* Lágrima – Francisco Tárrega
* Natalia (Vals Venezolano) – Antonio Lauro
* Prelude From Cello Suite No. 1 – Johann Sebastian Bach
* Recuerdos De La Alhambra – Francisco Tárrega
* Romanza (Spanish Romance) – Anonymus
* Spanish Dance No. 2 – Enrique Granados
* Un Dia De Noviembre – Leo Brouwe

Mehr über klassische Gitarrenmusik unter:
www.bbmusic.de/gitarre-spielen-know-how/

33. EMPFEHLENSWERTE BÜCHER UND MEDIEN

Für alle

- **AKKORDE GRIFFBEREIT**
  Alle wichtigen Gitarrengriffe immer dabei
  ISBN 978-3940334022

Zu beziehen über
www.bbmusic.de/shop/
und jede Buchhandlung

Für Akustikgitarre

- **GARANTIERT GITARRE LERNEN**
  Akkorde, Rhythmen, Songs
  Mit Audio-CD
  ISBN 978-3933136169

- **PERFEKT SONGS BEGLEITEN MIT GITARRE**
  Alle Griffe, Spielweisen und Techniken, die man braucht
  Mit Audio CD
  ISBN 978-3938679104

- **WEIHNACHTSLIEDER einfach begleiten mit Gitarre**
  Die 20 beliebtesten Weihnachtslieder mit stimmungsvoller Gitarrenbegleitung
  Akkorde, Noten, Tabulatur
  ISBN 978-3869470566

- **DIE SCHÖNSTEN KINDERLIEDER einfach begleiten mit Gitarre**
  34 der beliebtesten Kinderlieder in gitarrenfreundlichen Tonarten
  Mit Audio-CD
  ISBN 978-3869470801

Für E-Gitarre

- **GARANTIERT E-GITARRE LERNEN**
  Solo- und Rhythmusgitarre für Anfänger und Wiedereinsteiger
  Mit 2 Audio CDs
  ISBN 978-3933136244

- **EINFACH E-GITARRE SPIELEN** (DVD mit Booklet)
  Coole Stücke und Sounds für Anfänger und etwas Fortgeschrittene
  ISBN 978-3940334008

- **ROCK CHAMPION**
  Vorspielstücke für E-Gitarre mit Bandplaybacks
  Rock, Pop, Fusion. Von leicht bis mittelschwer.
  Mit Audio-CD
  ISBN 978-3869471204

34. INDEX

Stichwort	Seite
Abdämpfen	54
Abschlag	39
Akkord	32
Akkordsymbol	32
Akustikgitarren-Sets	12
Alternative Stimmung	17
Amp, Amplifier	15
Arpeggio	82
Aufschlag	39
Barré, Barrégriff	72
Barrégriffe	74
b, b♭, bes	17, 26
Beat	30
Beats per Minute	31
Bend	60
bpm	31
Bund, Bünde	10
Capo	63
Combo	15
Cutaway	11
Decke	10
Dreiklang	32
Dur	32
E-Gitarren-Sets	15
Faulenzer-Zeichen	78
Fingerpicking	48
Fingerstyle	48
Fingerstyle Pattern	82
Flamencogitarre	11
Frequenz, Frequenzen	16
Fünfklang	32
Ganztonschritt	28
Gitarrenständer	15
Greifen	16, 37
Greifhand	37
Griffbrett	10
Griffbrett (Art)	14
Griffdiagramm	72
Grundschlag	30
Grundton	32
Gurtpin	35
h, b	17, 26
Halbtonschritt	26
Hals	10
Halsbreite	11
Haltung	34
Hammer On	58
Handballen	54
Humbucker	14
Im Stehen spielen	35
Kammerton	16
Kapodaster	63
Kapodaster-Tabelle	64
Klassische Gitarre	11
Konzertgitarre	11
Korpus	10
Lagerfeuerakkorde	74
Leersaite	26, 72
Linkshänder	39
Metronom	31
Moll	32
Notendauer	27
Notenschlüssel	26
Nylonsaiten	21

Offene Saite	72	Stammtöne auf dem Griffbrett	91
Offene Stimmung	17	Standard-Stimmung	17
Ohr, Hörbereich	16	Standardnotation	26
Open Chords	74	Steelstring	11
Palm mute	54	Steg	10, 16
Pausen	27	Stimmen mit Stimmgerät	18
Pflege der Gitarre	23	Stimmen ohne Stimmgerät	19
Pick	44	Stimmgerät	15, 18
Picking Pattern	82	Stimmmechanik	10
Pickup	14	Stimmung	17
Pin	35	Tabulatur	27
Plektrum	44	Takt	30
Powerchords	74	Taktart	30
Pull Off	59	Taktstrich	30
Puls	30	Tempo	31
Rebend	60	Text-Tabulatur	29
Rechtshänder	39	Ton	16
Regler für Lautstärke und Klang	13	Tuner	15, 18
Release Bend	60	Versetzungszeichen # und b	26
Rhythm Pattern	78	Vibrato	61
Rhythmusnotation	78	Vibratohebel	14
Saiten	20	Vierklang	32
Saiten aus Nylon	21	Wahlschalter für Tonabnehmer	13
Saiten wechseln	22	Wechselschlag	42
Saitenspannung	20	Westerngitarre	11
Sattel	10, 16	Whammybar	14
Schallloch	10	Zählen	30
Schlaghand	39	Zubehör Akustikgitarre	12
Schlagmuster	78	Zubehör E-Gitarre	15
Schwingung	16	Zupfmuster	82
Single Coil	14		
Slide	57		
Speaker	15		
Stahlsaitengitarre	11		
Stammtöne	26		

Lightning Source UK Ltd.
Milton Keynes UK
UKHW020640290420
362505UK00014B/1192